AF567722

Anton Wolfpril
Entengeschichten

Anton

Wolfpril

Entengeschichten

BUCH & MOTOR

Anton Wolfpril schreibt rund um seine Liebe zur Ente. Einige Geschichten wurden bereits im 2CV-Magazin „Der Entenschnabel“ veröffentlicht. Unter seinem bürgerlichen Namen Dietmar Wolf initiierte er mit Horst Dumele im Jahre 2004 im hessischen Gedern das „Erste internationale Deutschlandtreffen der Freunde des 2CV“, kurz „DET“. Er besucht den Entenstammtisch der Düssel-Ducks und ist nah und fern seiner Heimat Düsseldorf vielen als „Diddi“ bekannt.

Die Zeichnungen dieses Buches sind inspiriert vom legendären Citroën-Prospekt „Er eroberte die Welt“ von 1960.

1. Auflage 2020

Druck: EURO P.B
Hergestellt in der Tschechischen Republik.
ISBN 978-3-9821608-0-1

www.buchundmotor.de

Inhalt

Vive la 2CV!

Das erste Kapitel der „Entengeschichten" wurde praktisch 1934/35 geschrieben, als bei Citroën die Entwicklung des *ganz kleinen Autos* begann.

Auf die Idee eines „Regenschirms auf vier Rädern" war Pierre-Jules Boulanger gekommen. Ihm schwebte ein preiswertes und robustes Automobil für die Landbevölkerung vor. Es sollte bei niedrigem Verbrauch und äußerster Robustheit vier Erwachsene, einen Sack Kartoffeln und eine Schale roher Eier über schlechteste Wegstrecken transportieren. Und im Fall von Reparaturen sollte es mit geringen Mitteln zu reparieren sein.

Schon zu Beginn hatte der bodenständige Boulanger zu äußerster Kreativität gemahnt. Alle guten Ideen würden zum Gelingen beitragen und am Ende Geld sparen.

Unter Führung des Flugzeugtechnikers André Lefebvre lief ein Team von Ingenieuren zur Hochform auf und entwickelte in jahrelanger Arbeit das *ganz kleine Auto* zur Serienreife.

Und so wurde der 1948 vorgestellte Citroën 2CV zur Ausnahmeerscheinung des internationalen Automobilbaus. Unglaubliche zweiundvierzig Jahre lief die gute alte und ewig junge Ente weltweit vom Band. Seitdem motiviert sie zu immer neuen Begebenheiten und Phantasien, von denen einige in diesem Buch geschildert wurden.

Es lebe die Ente!

Comiczeichner Olivier Marin porträtierte Anton Wolfpril
anläßlich der Techno Classica 2019.

Alle Jahre wieder ...

Weihnachtliche Probleme eines glücklich geplagten Familienvaters

Es war schon dunkel, als ich schlecht gelaunt aus diesem lausigen Geschäftstermin endlich wieder hinaus auf die Straße und an frische Luft kam. Das Wetter war ekelig kalt und eine steife Brise wehte mir um die Ohren. Ein penetranter Nieselregen flog horizontal auf mich ein. Pfützen bildeten sich und ich hatte Not nicht hinein zu treten. All das ließ meinen Gute-Laune-Pegel (GLP) beträchtlich fallen. Die vorweihnachtliche Fußgängerzonen-Beleuchtung spiegelte sich im Kopfsteinpflaster und da kam mir mein fürchterlichster Gedanke einer jeden Vorweihnachtszeit wieder in den Sinn:

„Alle Jahre wieder, was schenkst du deiner Frau?"

Jetzt sank mein GLP endgültig gegen Null. Schreiende Ungerechtigkeit! Über 15 Jahre sind wir zusammen und ich liebe sie; wir haben zwei geratene Kinder und uns schon durch manche Tiefs gekämpft. Zum Glück konnten wir aber auch die himmlischen Hochs prächtig gemeinsam genießen. Doch dieses eine Problem hatte ich immer: Was schenke ich ihr zu Weihnachten? Liebend gerne überrasche ich sie mit einer Aufmerksamkeit zwischendurch, was ich für viel romantischer als den üblichen Warenaustausch unterm Tannenbaum halte. Sie weiß, dass ich mit jeder Art von rituellem Schenken ein Problem habe. Doch sie hat Geschenke zu Weihnachten gern und so wiederholt sich mein Problem mit jährlicher Regelmäßigkeit.

Auf meinem Weg nach Hause überquerte ich einen kleinen Platz, auf dessen metallenen Sitzbänken niemand saß und dessen Brunnen schon seit Monaten abgestellt war. Dafür stand auf dem menschenleeren Karrée die unvermeidliche Weihnachtsfichte, an der zwei Bedienstete der Stadt gerade unmotiviert die Beleuchtung reparierten. Auch ein paar Straßenecken weiter hatte sich mein Problem nicht gelöst. Der Kalender zeigte den Fünfzehnten und – tief in Gedanken – ging ich weiter in Richtung Bahnhof. Der Regen wurde immer intensiver, meinen Mantel musste ich noch enger schließen. Doch es half nichts gegen den kalten Schauer, dem ich mich schon viel zu lange aussetzte. Ich begann langsam aufzuweichen und fürchterlich zu frieren. Brr!

Mit gesenktem Kopf strebte ich weiter der Zentralstation entgegen, als mich ein warmes und sonnengelbes Licht traf. Es verhieß mir genau die Wärme, die ich jetzt brauchte: Ein brasilianisches Café! Kurzentschlossen hinein. Mein GLP stieg sofort wieder an, denn jetzt umhüllte mich ein würzig-warmer Kaffeeduft und die beiden schönen Brasilianerinnen zogen mich sofort in ihren Bann. Oh Sünde! Augenblicklich dachte ich an meine Frau, wie sie abends ihre hochgesteckten pechschwarzen Haare mit einer gekonnten Bewegung löst, fallen lässt und offen trägt. Ich liebe es! Manchmal macht sie das unglaublich lasziv und nur für mich. Ein Wunder, dass sie sich das lange Haar trotz vier zerrender Kinderhände noch nicht hat abschneiden lassen. Und nun war auch wieder der Gedanke an das fehlende Geschenk da. Schreiende Ungerechtigkeit!

Eine der kaffeebraunen Schönheiten brachte mir einen heißen und vielversprechenden Café do Brasil. Der erste Schluck jagte mir einen heftigen Kälteschauer über den Rücken und bei der Erinnerung daran schüttelt es mich noch heute. Langsam wurde mir warm und der Geschäftstermin entwich schnell meinem Kurzzeitgedächtnis. Brasilien war im Café durch üppige Verwendung der Nationalfarben Gelb und Grün unübersehbar und irgendwie gab mir das alles ein Gefühl von sommerlicher Wärme, unterstützt vom leisen Bossa Nova im Hintergrund. Mein GLP stieg stetig.

Behaglich streckte ich mich, genoss den göttlichen Café und versuchte mich der Tageszeitung zu widmen, fast so, als wollte ich mich dem unwirklichen Umfeld des brasilianischen Cafés entziehen. Doch je mehr ich blätterte, desto mehr langweilte mich das auf Zeitungspapier gedruckte tägliche Geschehen. Immer mehr geriet ich in den Bann dieses etwas zu überfüllt dekorierten Raumes. Die weißgetünchten Wände und Decken waren mit rustikalen Holzbalken verziert und überall hingen Bilder von brasilianischen Musikern und Fußballern. Ayrton Senna fehlte natürlich auch nicht. Irgendwo hing sogar ein Bild von Oscar Niemeyer. Was der Architekt von Brasilia und Freund klarer Formen wohl zu dem planlosen Durcheinander in diesem Etablissement gesagt hätte? Überall standen Palmen, die man hier vermutlich überwintern ließ. Und dass ein echter Papagei in Abständen „Alonso" aus seiner Voliere kreischte, ließ das Café fast ins Groteske abgleiten. In einem Korb auf der holzvertäfelten Theke türmten sich Orangen und Limetten. Und weil mein Schwarzer ausgetrunken war und ich einen Anlass suchte, wieder Kontakt mit der Bedienung aufzunehmen, bestellte ich mir so einen Vitaminschub. Passend übrigens zum Reiseteil der Tageszeitung. Mietwagenwerbung mit Bild von Strandpiste und Sonnenuntergang inklusiv einer lächelnden Schönheit mit langen, schwarzen Haaren im Cabriowind.

Jetzt traf mich der Schlag.

Ich hatte eine Vision.

Die Lösung!

Wild blätternd suchte ich den Gebrauchtwagenteil. Wo war denn eigentlich Citroën? Meine heißgeliebte Cordelia hatte mir einmal von einem meiner Vorgänger erzählt, der eine Ente hatte. *Eifersucht!* Sie schwärmte mir noch immer von den Touren mit der Ente vor. Nun hatte aber auch ich ein Vorleben und eine meiner verflossenen Herzdamen hatte auch so ein französisches Teil gehabt. Im preiswertesten Cabriolet der Welt eng neben der Angebeteten sitzend, angekuschelt und offen in diesem einzigartigen Geschoss durch die Landschaft düsen... Das hatte uns in Unterhaltungen über unsere EX begeistert. Wir fanden die Idee einer Ente toll. Doch dann kamen die Kinder und mit ihnen hatte irgendein seelenloses Kombiprodukt aus Wolfsburger Produktion in der vollgerumpelten Garage Einzug gehalten. Dieser rostige Eimer würde bald fällig sein. Könnte man dann nicht eine Ente anschaffen?

Die Idee versetzte mich in Euphorie. Auto fuhren wir ohnehin nicht viel und selbst in den Urlaub verreisten wir per Bahn, denn als Angestellter einer großen deutschen Bahngesellschaft *Für die Verspätungen kann ich nichts, ich mach´ nur die Großkundenbetreuung* bekam ich die Tickets praktisch umsonst. Warum nicht einfach weg mit dem Kombi und hinein in die Ente?

„Citroën, da ist es ja“ murmelte ich still vor mich hin. Neben allen möglichen mir völlig unverständlichen Abkürzungen von moderneren Citroën-Typen wie AX, BX oder Xantia standen ganze drei Enten drin. Zwei bei einem Händler und eine privat. Letztere musste vergoldet sein, denn zumindest ließ der VB-Preis darauf schließen. Die beiden anderen Enten wurden von einem Citroën-Oldtimer-Spezialisten angeboten und lagen bei 2.500,00 EUR. Das würde unserem Konto trotz Weihnachtsgeld zwar nicht gut bekommen ... aber das SOLL war mir jetzt egal. Der Blick ging wieder zu einer der kaffeebraunen Schönheiten, fragende Blicke, der nächste Schwarze und der Gebrauchtwagenteil der Zeitung waren mir sicher. Entspannt lehnte ich mich zurück, GLP signalisierte satte Zufriedenheit, der

Anzeigenteil war bis auf Citroën in Fetzen und die Enten befanden sich in meiner Manteltasche. Heureka! Es war gefunden, das Geschenk. Eine Ente!

Achtzehnter

Am Morgen stapelte sich im Büro die Arbeit. Das hat vor allem mit dem jährlichen Fahrplanwechsel am 15. Dezember zu tun. Meistens gibt es dann Tarifänderungen, man kennt die Ankündigungen aus der Tagesschau. Das wiederum führt dazu, dass trotz der Nähe zu Weihnachten oft Anfragen von Großkunden kommen und das Telefon ständig klingelt. Trotzdem nahm ich mir kurz Zeit und rief den Händler an. Der hatte allerdings heute mehr Verspätung als mein Unternehmen. Also hinterließ ich eine Nachricht auf seinem Anrufbeantworter und hatte zwei Stunden später den Händler am Apparat. Die beiden Enten seien noch da. An diesem Nachmittag würde es also „schon wieder" einen unaufschiebbaren Termin in der Zentrale einer Warenhauskette geben, die für ihre dreihundert Mitarbeiter in letzter Minute und noch zu alten Preisen ein Großkundenabo abschließen wollten. Ich musste Cordelia also „wieder einmal" bitten, etwas auf mich zu warten. Es tat mir entsetzlich leid, aber heute würde es später werden. Dank unserer Gleitzeitregelung stand ich also am frühen Nachmittag in der Citroën-Oldtimer-Werkstatt, die wohl schon seit Jahrzehnten im Hinterhof einer gründerzeitlichen Mietskaserne residierte und nur durch eine schmale Hausdurchfahrt erreichbar war. Da standen sie also beide einträchtig nebeneinander, als könnten sie kein Wässerchen trüben: Eine knatschgrüne und eine knatschgelbe Ente. Dass das keine Originallackierungen waren, sah auch ich sofort. Auf Kundenauftrag hin lackiert, hörte ich. Die ganzen Enten seien nun versaut. Und dann wollten die Kunden auf einmal auch nicht mehr zahlen. Nun stehe er da mit seinem Talent. Ein aufgelöster Werkstattmensch! Wenigstens habe er die Papiere. Nun weiß ich, dass Rost den 2CV sehr gerne hat und schnöfte und schnüffelte mich durch die Innenräume der beiden Vehikel; gemeinsam mit dem schwärmenden Händler lag ich bald im geliehenen Blaumann unter den beiden Autos. Da müsse eigentlich nur noch sicherheitshalber ein Blech rein und dann noch TÜV und so, also, mit „Zweineun" wäre ich dabei. *Pferdehändler!* Als Kundenberater kennt man aber beide Seiten des Verkaufs und leiden kann ich auch sehr gut. Ich wollte die Gelbe und wir trafen uns bei „Zweisieben", Anmeldung beim Straßenverkehrsamt inklusive. *Rennerei vorm Fest? Ich hasse es!* Geld hatte ich nicht dabei und mit Scheck oder Kreditkarte konnte der Pferdehändler nichts anfangen, für ihn war nur Bares Wahres. *Mistkerl!*

Ausgerechnet am nächsten Tag musste ich zu einem Zweitagesseminar nach Frankfurt, wo früher einmal die Hauptzentrale der Deutschen Bundesbahn gewesen war und auch heute noch einige Dienststellen der DB AG ansässig waren. Dass man solche Termine überhaupt in die Zeit direkt nach Fahrplanwechsel und noch mitten in die Vorweihnachtszeit legt, habe ich nie verstanden. Auch das noch: Cordelia hatte wohl ein paar Rechnungen zu viel bezahlt und so gab unser Konto kurz vor Weihnachten einfach nichts mehr her. Einen Dispokredit hatten wir aus grundsätzlichen Erwägungen nicht. Zum Glück lag die Weihnachtsgans aber schon in der Kühltruhe und für Silvester war ein dicker Karpfen reserviert und bezahlt. Ein leeres Konto vor Weihnachten war mir schon peinlich, denn wir hatten eigentlich gute Einkommen. Fragen wollte ich meine Frau aber nicht, denn das hätte sie sofort neugierig gemacht. So musste ich auch für den Achtzehnten nochmal um Nachsicht bitten. Dann würde ich meinen Vater besuchen, der mir sicher aus der augenblicklichen, finanziellen Verlegenheit helfen würde.

Neunzehnter

In der Mittagspause stand ich mit einem Geldbündel in der Hand im Hinterhof des Händlers. Was meine Stimmung in Richtung Tiefpunkt brachte, war dieser Werkstattttrottel *Extra mit vier „t"*. Er hatte trotz unserer gestrigen Vereinbarung die gelbe Ente verkauft. Ich hätte ihn würgen können! Wenn ich mir was in den Kopf gesetzt habe, bin ich stur. Ich wollte die gelbe Ente. Jetzt gab es nur noch die Grüne ... die sonnengelbe Schnuckelente wäre viel schöner gewesen – nun ja, gegessen. Nach meinem kleinen Wutanfall bekam ich die grüne Ente noch etwas günstiger. Immerhin. Abends auf dem Heimweg noch kurz auf einen schnellen Caipirinha zu den Brasilianerinnen, die nicht am Pitu sparten. Vom Weihnachtsgeschenk waren beide sehr beeindruckt, etwas weniger von der Ente. Sicherheitshalber trank ich noch einen; ein Auto zu Weihnachten! Die beiden freuten sich sichtlich mit mir und über meinen dritten Drink. Der Alkohol tat seine Wirkung; zuhause grinste ich den Abend über diabolisch. Dank meines Vaters hatte ich ein Hammergeschenk. Cordelia reichte mir lächelnd eine Flasche Mineralwasser.

Zwanzigster

Ein logistisches Problem begann Raum zu greifen. Wie sollte ich die Ente unter den Baum bekommen? Es war schon Samstag. Zum Erstaunen meiner Frau begab ich mich freiwillig in die

Garage. Sortierte und entrümpelte. Ordnete und fegte. Der automobile Abstellraum wurde fast wohnlich. Solche Arbeit hasse ich. Kaum war alles fertig, stand unser Vermieter neben mir und verwickelte mich in ein Gespräch. Ob ich die Garage nebenan nicht auch mieten wolle, sie sei frei. Selbst über einen Kauf könne man reden. Hätte ich mir die ganze Aktion also sparen können? Draußen vor dem Tor stapelte sich der Unrat; der noch schnell per rostigem Eimer zum Recyclinghof verfrachtet wurde. Auf dem Rückweg besorgte ich noch weihnachtlichen Dekokrempel und zwei Wasserkästen für oben. Für meine heutigen Mühen gab es dann eine echte Belohnung in Form eines selbstgebackenen Apfelkuchens mit Zuckerguss, Zimt und Rosinen und dazu Kaffee. Hm! Eigentlich hatte ich bis Weihnachten auf eine zweistellige Kilomarke runter gewollt. Doch die Distanz zum Fest war kurz und kürzer geworden. Erschreckend kurz bis Weihnachten! Und der Apfelkuchen schmeckte immer besser ...

Um die Ente weihnachtlich zu verschenken, musste die Garage nicht nur aufgeräumt, sondern auch entsprechend dekoriert sein. Diesmal wollte ich mir ganz viel Mühe geben. Und leer sollte sie sein, denn wo noch ein rostiger Eimer drin, muss heimlich eine Ente rein! Cordelia wollte schnell noch was besorgen, mit welchem Geld eigentlich? Die Geschäfte hatten noch eine Stunde auf, also los. Bei unserem fahrzeugunterstützten Einkaufsbummel in die Stadt ruckelte und zuckelte das alte Gefährt plötzlich und unerwartet heftig. Das Auto musste also augenscheinlich dringend in die Werkstatt *also raus aus der Garage!* In Wirklichkeit trat ich nur gekonnt Gas- und Bremspedal gleichzeitig. Cordelia sah es wohl vor allem wegen des leeren Kontos mit großer Skepsis. Geradezu entgeistert schaute sie, als ich ihr sagte, ich würde meinen

Vater fragen. Soviel hatte mir noch nie am alten Kombi gelegen ... Das vermeintlich malade Volksauto wurde noch heute in die Fachwerkstatt gebracht. In Wirklichkeit stellte ich den rostigen Eimer bei meinem Kollegen Charly *eigentlich Karl-Wilhelm* ab und verkündete at home, dass die Reparatur arg lang dauern würde. Jetzt geriet der zweite Feiertag mit der Fahrt zu ihren Eltern gedanklich in Gefahr. Trotzdem: Endlich Urlaub!

Zweiundzwanzigster

Cordelia hatte lange in ihrer Sozialstation zu tun, Weihnachtsfeier. Schelm, der ich bin, verfrachtete ich die Kinder praktisch schon vormittags vor die Glotze um heimlich weitere Weihnachtsdeko und Lämpchen zu organisieren. Ganz niederträchtig verschwand auch der zweite Garagenschlüssel. Auch durch Zufall konnte keine Unbefugte mehr in die Garage. Am Ende hingen Weihnachtsgirlanden von der Decke, kitschige Weihnachtsmänner und Rentiere zierten die Wände, winzige Glühlämpchen baumelten überall und auf einem kleinen geliehenen Bistrotisch stand ein winziges, echtes Tännchen, das ich später irgendwo einpflanzen würde. Daneben eine Flasche Champagner, die bis Heiligabend schon noch die richtige Temperatur bekommen würde. Außerdem vier Gläser für Cordelia, mich und ausnahmsweise die Kinder. Denn zu viert sollte auf die Ente angestoßen werden. Ich war stoly auf mich. Das letzte Problem war die Ente unbemerkt in die Garage zu bugsieren. Da begann sich das Rad zu drehen. Es war schon früher Nachmittag und die Kinder hatten fast eckige Augen. Nichts wie hin zur Citroën-Werkstatt. Dort war die Ente nicht fertig, die Gelbe sei reklamiert worden und zu Weihnachten würde wohl alles sehr knapp, wenn überhaupt. So ein Mist! Er lamentierte, es täte ihm leid und so weiter und so übel. Was tun, wo bekomme ich jetzt eine Ente her? Wie gesagt, ich bin stur, ich wollte die Ente und das VOR Weihnachten. Bei meinem Vater klagte ich mein Leid und der alte Herr, der ganz schön böse werden kann, wenn man ihn ärgert, schaltete sich ein und schaffte es, den Werkstattmenschen noch zur Tat zu animieren. Ich würde die Ente also tatsächlich morgen Abend holen können. Super!

Dreiundzwanzigster

Vorweihnachtlicher Putzfimmel, alles soll schön sein. Das machte auch vor Cordelia nicht halt. Und natürlich muss Mann mit ran. Ich putzte fleißig mit und stahl mich erst am frühen Abend davon, „um noch kurz Charly zu besuchen." Vorher ging es nochmal zur Werkstatt, um Punkt 17.30 Uhr stand ich wieder im Citroën-Hinterhof. Vor mir die frisch getüvte und blankpolierte Ente. So ein Ekel war der Werkstattmensch also gar nicht ... Schnell zu Charly um die Ente zwischenzuparken. Der verdrehte die Augen, weil ich eventuell aufkommenden Regen beklagte und eine große Plastikplane über das zarte Entlein zog. Fast alles erledigt! Zufrieden begab ich mich im gestreckten Galopp auf den Heimweg. Das Abendessen verlief harmonisch; wie immer an diesem Abend gab es Würstchen mit Kartoffelsalat, eine von den Kindern eingeführte Tradition. Eigentlich feiern wir Heiligabend immer nur zu viert, doch ausgerechnet jetzt sagte sich mein Vater an und bat darum, mit seiner Lebensgefährtin den morgigen Heiligabend bei uns zu verbringen. Da Cordelia es im Beisein der Kinder aussprach, wurde ich klassisch erpresst, die freuten sich riesig auf Opa und „Oma". Ich hatte nichts gegen die Neue im Leben meines Vaters, aber auch nicht besonders viel für sie. Doch ich stimmte zu, Weihnachten, das Fest der Liebe. Also bitte Jubel auf allen Bänken! Wir spielten noch etwas mit den Kindern, brachten sie in die Horizontale, wohl wissend, dass sie vor Aufregung kaum schlafen konnten. Mit blitzenden Augen warf sie ihre Mähne nach hinten und zog sich zum Geschenkeinpacken zurück. Und mich zog es an die frische Luft. Das hatte es noch nie gegeben.

„Geht dir der Besuch deines Vaters mit der Neuen so nahe?"

„Ja!"

Was hätte ich auch anderes sagen können? Ich schnappte mir meinen Mantel und machte mich in Begleitung von Charly *Danke!* auf den Weg durch die kalte Nachtluft um den Erpel zu holen. An der Straßenecke vor unserem Haus schalteten wir den Boxer der Ente ab und schoben sie vorsichtig die kleine Steigung zum Garagenhof hinauf. Dass es jetzt anfing zu schneien, gab allem tatsächlich noch einen unfreiwilligen, romantischen Anstrich. Weiße Weihnacht, weiße Ente! Trotzdem in der Garage noch das Leder raus und die Ente bei geschlossenem Tor abgewienert. Geschafft! Nochmal eine Generalprobe mit der Beleuchtung, der Champagner hatte sich schon perfekt abgekühlt. Völlig fertig fiel ich irgendwann gegen zwei Uhr nachts ins Bett.

„Fühlst du dich besser?"

„Oh ja!" Und ich schlief ein.

Vierundzwanzigster

„Was ist mit dem Kombi?" weckte mich meine Frau am Morgen. Diesen Schachzug hatte ich völlig vergessen.

„Der steht wieder in der Garage" gähnte ich mit gespielter Gelassenheit aus dem Kopfkissen, „wir fahren doch übermorgen zu deinen Eltern!" fuhr ich vorwurfsvoll fort.

„Du gefällst mir in letzter Zeit nicht gut“ sagte sie, „fehlt dir was, hast du ein Problem?“

„Nicht die Bohne“ gab ich aufblickend zurück,

“ich bin nur völlig fertig und freue mich auf die freien Tage. Und auf euch.“

Nach dem Frühstück ging es raus. Über Nacht war der Schnee liegen geblieben und wir zogen mit einem Schlitten los, um den Weihnachtsbaum zu holen. Das machen wir immer alle zusammen am Heiligmorgen. Dann den Baum aufgestellt und geschmückt. Und schon stand mein Vater mit Elvira in der Tür. Das war ungemein praktisch, da sich Opa und „Oma“ mit den Kindern zurückzogen um Weihnachtsgeschichten zu lesen und wir das Abendessen vorbereiten konnten *auch Tradition: Klöße zum Vogel* und bald war Weihnachtsabend da. Opa, Vater und Kinder spielten mit der Eisenbahn, „Oma“ Elvira ging Cordelia zur Hand. Dann begann das Mahl. Die Kinder wurden kribbelig. Elvira konnte die Situation aber retten, indem sie alle mit ihren Erzählungen über ihre Weihnachtsfeste als Kind in den Bann zog. Wie anders damals alles war. Jedes Kind nur ein Geschenk! Jetzt ließ Cordelia eine Glocke im Wohnzimmer erschallen und wir sangen *ich weniger laut* zwei Weihnachtslieder, Elvira trug mit einem weichen Sopran noch ein weiteres „Stille Nacht“ vor. Die beiden Kleinen stürzten sich auf ihre Geschenke, die Erwachsenen überreichten dezent ihre Gaben. Mein Kind im Manne wurde ein wenig enttäuscht, denn von Cordelia bekam ich einen schnöden blauen D-Zug-Waggon für die Modellbahn. Gewünscht hätte ich mir eine Dampflokomotive. Es musste keine 01 oder 03 sein, selbst eine 64 oder 89 wäre völlig in Ordnung gewesen ... Aber ein D-Zug-Wagen?

Sie schaute auch nicht glücklich. Denn sie bekam einen etwas kitschigen Pullover mit zwei Stockenten drauf.

„Enten", rief sie trotzdem beim Anblick belustigt.

Vater hatte uns die ganze Zeit beobachtet und lächelte schelmisch. Cordelia spürte wohl, das da noch was war. Doch was? Wie würde ich die ganze Familie weg von den Geschenken und in die kalte Nacht vor die Garage bringen? Die Kinder spielten mit Opa und „Oma", Cordelia und ich schlichen immer noch um uns herum. Mein Vater lächelte und überraschte mich mit einem erlösenden Vorschlag:

„Lasst uns noch einen kleinen Nachtspaziergang machen! Sicher ein Erlebnis mit all dem Schnee. Euch ist ja nicht besser zu helfen", behauptete er. Breite Zustimmung, auch Cordelia wirkte wie erleichtert. Und dann stürmten wir alle die Treppe hinunter in den Schnee. An diesem Heiligabend waren wir alleine auf der Straße und von oben rieselten Schneeflöckchen. Wir schlugen einen großen Bogen durch den Stadtteil und freuten uns über die festlich dekorierten Fenster und Christbäume in den Vorgärten. Irgendwann bogen wir wieder in die Steigung vor unserem Haus ein. Es waren einige Zentimeter Schnee gefallen und unsere Fußstapfen zeichneten sich ab. Glücklicherweise hatten sich die Entenspuren von gestern verloren. Der Bewegungsmelder schaltete und die Eingangsbeleuchtung hüllte jetzt alles in warmes Licht. Ein von Kinderhand geworfener Schneeball traf mich; doch diese herzliche Art von Einladung zu einer wilden Rauferei im Schnee ließ ich aus, hatte ich doch andere Dinge im Kopf. Auch sie war nervös und nestelte in ihrer Tasche herum. Wir traten vor unsere Eingangstür. Mein Vater schaute uns fragenden an, fischte in seiner Manteltasche nach etwas, zeigte uns hintergründig lächelnd einen kleinen Fotoapparat. Ich holte meinen Garagenschlüssel aus der Manteltasche und ...

„Moment mal", sagten meine Frau und ich wie aus einem Mund. Verblüffte Blicke. Dann bewegten wir uns beide auf jeweils eine Garage zu. Kinder und Großeltern hinter uns. Eine Vorahnung beschlich mich, die sich Augenblicke später bestätigte, als wir gleichzeitig beide Tore öffneten: In der einen Garage stand eine grüne, in der anderen eine gelbe Ente.

„Frohe Weihnachten" sagte ich mit zwei Gläsern in der Hand. Wir schauten uns in die Augen, ihre waren ganz weich, tranken einen Schluck und dann gab es einen sehr langen, sehr intensiven Kuss. Vater fotografierte unentwegt, begleitet von einem breiten Lachen. Die Kinder applaudierten. Woher auch immer kamen jetzt Nachbarn und amüsierten sich köstlich über unsere Weihnachtsgeschenke. Cordelia zog mich in „meine" gelbe Ente. Sie berichtete mir, dass sie zufällig bei einer Freundin die Entenanzeigen las und dann meinen Vater spontan um Hilfe ansprach. Der aber hätte schon einem Bekannten Geld geliehen – der war dann ja wohl ich – und sei unpässlich. Da sprang Elvira ein. Vater und Elvira instruierten den Werkstattmenschen. Und mein Vater hatte wohl eine Riesenfreude mich schmoren zu lassen. Die beiden lächelten uns durch die Windschutzscheibe an. Mistleute! Der Champagner machte die Runde und wir feierten mit den Nachbarn Weihnachten. Das ist jetzt die Weihnachtsgeschichte unserer Straße.

Später im Bett fielen wir uns in die Arme.

„Wir müssen die Wand der Garage einreißen" sagte sie, „die müssen auch nebeneinander sein."

Was folgte, ist eine andere Geschichte.

Osterente

Eiderdaus – Osterei größer als vom
Vogel Strauß!

Nach reichlicher Verspätung meines Zuges war ich endlich zu Hause angekommen. Meine über alles geliebte Gattin Cordelia begrüßte mich mit leicht vorwurfsvollen Blicken und einem leisen aber eindringlichen

„PSSSSCHT – sie schlafen schon."

Es war nicht nur dunkel, es war bereits Donnerstagnacht – tiefe Gründonnerstagnacht. Und ich war einfach nur platt. Fast wie im autogenen Training legte ich mich flach und ausgestreckt auf die Couch, die Füße auf einen Berg Kissen, Arme angelegt, die Augen geschlossen, es fehlte nur noch ein langes tiefes ausgedehntes Ooohhhmmm...

Wenn man lange genug verheiratet ist und sich immer noch mag, dann weiß der Partner, was die Glocke geschlagen hat. Cordelia erkannte die Zeichen und mühte sich kurz aber effektiv in der Küche ab. Mit einem Auge müde aber erwartungsvoll blinzelnd sah ich die wunderbare Erscheinung auf dem Teller, Rühreier mit Speck, viel Zwiebeln und Bratkartoffeln. Das ist Medizin, beste Medizin ist das. Cordelia muss einen geheimen Vorrat an Eiern und Bratkartoffeln deponiert haben, irgendwo unter: „Im Notfall Scheibe einschlagen und Mann vor sicherem Untergang retten!"

Mir ging es zunehmend besser. Wenn man lange genug verheiratet ist und sich immer noch mag, dann weiß der Partner, was die Glocke bald geschlagen hat. Mit zunehmend höherer Leistungsbereitschaftskurve der Hirnmasse ließ ich den Tag Revue passieren und sah vor meinem innerlichen Auge Erreichtes und nicht Erreichtes. Cordelia, meine über alles geliebte Gattin, stellte brutal und rücksichtslos die unvermeidliche wie erschreckende Frage:

„Hast du an die Ostersachen gedacht?"

Gerade peinlichst Versäumtes reflektierend und unfähig, ihr gegenüber zu schauspielern *Spruch: Ich lese in Dir wie in einem Buch, Gedanke: Warum hat sie eigentlich so einen Narren an mir gefressen?* stammelte ich nur:

„Ja, aber..."

Nun stand ich also da. Ich wollte Bastelmaterial für Ostersträuße, Osternester, Ostereier, und wer hätte es gedacht, Oster-ENTEN besorgen. An Karfreitag sollte gemeinsam gebastelt werden. Die Erwartungen der Kinder waren hoch. Ich saß in der Patsche. Die Verspätung meines Zuges hatte mich die Einkaufsliste vergessen lassen. Ich sollte im linken Glas meiner Brille ein zeitgesteuertes Erinnerungsfeld einbauen lassen, so was gibt es doch schon, oder? Was tun? Ohne Material kein Basteltag. Es folgte eine deutliche und sehr konkrete Ansage:

„Das erklärst du den Kindern morgen früh selbst."

Voller Gram zog ich mich zurück. Doch dass mir als unverbesserlicher Optimist etwas einfallen würde, dessen war ich mir sicher.

Oster-ENTEN.

Enten vom Schlage des Citroën 2CV spielten seit Weihnachten eine besondere Rolle. Standen doch seitdem eine grüne und eine gelbe Ente in zwei Garagen nebeneinander. Cordelia hatte die trennende Garagenwand noch in der heiligen Nacht mit zarter Stimme in mein Ohr reklamiert und noch im Januar nutzen wir die Chance und kauften beide Garagen. *Beknackt! Total beknackt! Billige Mietwohnung, aber zwei Garagen kaufen!* Das ermöglichte den Wegfall der Zwischenwand, der mit einigem technischen Aufwand verbunden war, weil es aus statischen Gründen noch eines Unterzuges bedurfte. Nun denn. Mir tun seit der winterlichen Februar-Schinderei noch immer die Arme weh. Und den natürlich eingespannten Charly habe ich seitdem auch nicht mehr gesehen. Unsere beiden Kleinen fanden es so dermaßen toll, dass sich Mama und Papa dasselbe schenkten – und dann noch so zwei richtige große Enten! – weshalb die Enten jetzt einen besonders hohen Stellenwert haben; sehet her, unsere Eltern haben sich lieb!

Und ausgerechnet jetzt vergisst der liebende Papa die Zutaten zum Osterfest. Innerlich rang ich mit Verwünschungen, begab mich aber hoffnungsvoll auf die Suche nach rettenden Ufern. Mein Blick fiel auf unseren Zeitschriftenstapel aus dem ein möglicherweise hilfreiches Stück Papier ragte. Auch dazu noch eine Erklärung: Manchmal steht mit mir ein gewisser Herr Eberlein aus der Eichenstraße an der Straßenbahnhaltestelle. Er hatte vom Wolfpril´schen Weihnachtsabend und den beiden Enten gehört. Eberleins Nachbarin war seinen Berichten nach eine junge, blonde und herzerfrischende Frau namens Marlene. Die fuhr auch Ente. Und eines morgens brachte er mir eine Entenzeitung mit, die sie ihm in die Hand gedrückt hatte. Das Randaleblatt hieß „Der Entenschnabel" und bot neben kitschigen Entenzeichnungen, Berichten von Reisen und Reparaturtipps auch einen Veranstaltungskalender. Vielleicht würde sich ja etwas passendes für die Ostertage finden? Ich zog das Heft aus dem Zeitschriftenstapel. Ententreffen waren mir völlig neu, denn eigentlich hatte ich angenommen, dass es solche Treffen nur bei prügelnden Motorradfahrern und vollgesoffenen GTI-Chaoten am Wörthersee *Der arme See, echt!* gäbe. Warum so was nicht mal ansehen? Und warum nicht direkt morgen? Zufrieden mit mir und der Welt und ausgestattet mit einem hinterlistigen Überrumplungsplan für das ansonsten vermaledeite Osterfest begab ich mich grinsend zu Bett.

Karfreitagmorgen beim Frühstück.

„Kinder, es gibt ein Problem!"

„Papa, du hast die Bastelsachen vergessen oder musst du heute etwa wieder zu einem Eisenbahntermin?"

„Die Bastelsachen der Kinder, aber..."

Allgemeine Unmutskundgebungen, lauter werdend.

„Moment bitte..."

--Stille--

„... ich habe eine Alternative!"

„---???---"

Und unter Cordelias argwöhnischen Blicken mit dem Entenschnabel in der Hand:

„Hier drin habe ich etwas Tolles gefunden."

Erwartungsvolle Kinderaugen, Stirnrunzeln bei Cordelia.

„Ein Osterausflug zu einem Treffen mit über 100 Enten!"

„Lauter Enten????"

„Ja, und mit großem Osterfeuer und Musik."

„Und Eiersuchen?"

„Na klar, das kriegen wir auch noch hin."

Jubel beim Nachwuchs.

„OK, wir fahren zu diesem Ostertreffen in die Lüneburger Heide auf diesen Naturcampingplatz Glockenheide in Rötgesbüttel – wo auch immer das sein mag."

Fassungsloses Staunen. Cordelia öffnete den Mund, um Einsprüche zu formulieren und ehe sie völlig überrumpelt wurde:

„Mama, bitte!"

„Mit dir wird es nie langweilig", raunte sie mir zu.

„Und wo gedenkt der Herr zu schlafen?"

„Wir leihen uns Charlys Zelt und fahren mit den Enten nach

Rötgesbüttel. Es sind doch nur 300 Kilometer von hier. Und dann schlafen wir einfach auf dem Campingplatz."

Für die Kinder war Camping natürlich ein tolles Abenteuer, Cordelia war schon deutlich zurückhaltender in ihrer Euphorie. Doch ein Zurück gab es nun nicht mehr.

Kurzfassung: Wir schnappten uns kurzerhand Charlys Hauszelt (Sein Gesichtsausdruck: „Was wollen die um diese Jahreszeit mit dem Zelt?"), packten Wärmendes und Wasserdichtes zusammen, stopften alles in unsere beiden Enten und schon düsten wir los. Mein Sohn ist des Kartenlesens besonders kundig und dank der Skizze im Entenschnabel fand er „Rötgesbüttel" etwas nördlich von Braunschweig. Es waren tatsächlich nur knapp über 300 km. Bei Kassel wurde getankt und noch vor Sonnenuntergang erreichten wir den Campingplatz Glockenheide. Lange bärtige Gesellen in Lederhosen, ausgewachsene Männer, die in absolut schrottreif wirkenden Anhängern übernachteten. Gänzlich entrückte Hippie-Typen mit alten Citroën-Lieferwagen vom Typ „Hüha" oder so ähnlich, einer davon sogar mit einer halben Ente auf dem Dach. Ein Kugelblitz von einem sympathischen Holländer: Ein großer dicker Blonder, der abends noch mit einer Band sang. Man stelle sich das vor ... Ein anderer Typ trug links einen roten und rechts einen grünen Holzschuh. Vielleicht würde er so Backbord und Steuerbord auseinander halten und Paddelboot fahren? Mein im Kern ordnungsliebendes Wesen wurde hier auf eine harte Probe gestellt. Cordelia umfasste die Kinder mütterlich schützend und ich merkte ihr an, was sie dachte. Auch merkte ich, dass sie innerlich sehr angestrengt war. Mit einer Handbewegung strich sie sich eine Strähne ihrer schwarzen Tolle aus dem Gesicht und ließ mehr versehentlich die Hand unserer Tochter los. Von derlei Bevormundung befreit düste die Kleine direkt auf eine Meute sich selbst am Lagerfeuer räuchernder Kinder zu. Mit fast durchdrehenden Reifen folgte Herr Sohn. Die Kinder waren wir los. Wir setzten uns vor einen dieser Wellblechlieferwagen, der als französisches Café aufgehübscht war und tranken einen Espresso. Für mich gab es noch einen Calvados, wobei Patron nicht mit der herrlich goldenen Flüssigkeit sparte. Langsam befand ich mich im Stimmungshoch und die Neugier obsiegte über meine angelernte Eisenbahnermentalität. Cordelia verließ mich kurz, um sich frisch zu machen und meine Blicke umrundeten den Platz. Hier standen tatsächlich die unterschiedlichsten Enten im Wald, alle ein einem großen Kreis um das Feuer in der Mitte. Winzige Wohnwägelchen, Zelte, Tische und Stühle davor, an manchen dieser pittoresken Niederlassungen wurde an Speisen gedrechselt und an diversen Grills gewurstelt.

Ein Schrei, Cordelia!

„Anton!"

Sie kam von der nahen Holzbude mit Männlein und Weiblein auf der Tür zurück.

„Eine Zumutung – das sind uralte Plumpsklos!"

Hinten am Ende des Platzes gäbe es ein Haus mit richtigen Toiletten und Duschen, kam es sofort aus mehreren Mündern.

Ich leerte meinen Calvados und zusammen gingen wir zum Duschhaus. Vergleichsweise waren die Dinger maximal noch als ausreichend zu bewerten. Doch wir sahen ein, dass wir auf einem Waldcampingplatz bei Braunschweig und nicht im 5-Sterne-Hotel waren. Wir meldeten uns in der Empfangsbude an und entrichteten einen kleinen Obolus. Es gab einen Begrüßungsschnaps, den Cordelia zu meiner Freude ablehnte, denn nun musste ich mich opfern. Das brachte mich beim Aufstellen von Charlys Hauszelt kurz in Schwierigkeiten, doch zwei der Hippie-Typen halfen uns dankenswerterweise und schon war unser Domizil fertig. Mir oblag es jetzt die Kinder vom Feuer zu holen, die bereits wie kleine Wildschweine aussahen. Egal. Der überstürzte Aufbruch am Karfreitag reduzierte unsere Auswahl an verfügbarem Abendessen auf einen gehaltvollen Doseneintopf, den wir an irgendeiner ARAL-Tankstelle zu Apothekenpreisen gekauft hatten. Danach war für die Kinder Ausgang bis zum Umfallen angesagt. Wir waren in ein absolutes Kinderparadies geraten. Einzig das große Feuer stellte eine Gefahr dar, doch es war ständig im Blickfeld von irgendwem. Elternparadies! Am großen Osterfeuer kam ich schnell mit allen möglichen und unmöglichen Leuten ins Gespräch. Sie ließen sich grob in zwei Lager aufteilen. Die Trennungslinie der durch intensiven Äthanol verstärkten Diskussionen kreiste um die Frage von Enten-Treffen mit oder ohne „Fremdfahrzeuge". Im Ergebnis kristallisierten sich „Fundamentalisten" und „Realisten" heraus, „Fundis" und „Realos". In der Nacht eskalierte der Streit dann insofern, als dass sich die gegnerischen Lager ihre Autos gegenseitig mit undefinierbaren Flüssigkeiten unklarer Herkunft verschmierten. Total infantil so was. Bis dahin wurde es immer kälter und alles rückte näher ans Feuer. Die Stimmung stieg. Aus der Grundsatzdiskussion hielten wir uns heraus und auch an den Schraubergesprächen nahmen wir mangels Talent nicht teil. Dafür erzählten wir unsere Weihnachtsgeschichte. Insgeheim befürchtete ich immer noch angetrunkene und prügelnde Vollidioten, doch im Gegenteil: Bei den Entenleuten fühlten wir uns pudelwohl und freundeten uns mit dem ein oder der anderen an. Ein bunt gemischtes Völkchen. Die

Pullen kreisten weiter. Wir nahmen mit leicht angezogener Handbremse teil und irgendwann trat ich den Weg zum Clubhaus an um frisches Bier zu holen. Aber einen Schuss haben die doch alle, oder? Tief in der Nacht fielen wir alle auf die Luftmatratzen.

Der nächste Morgen brachte Handlungsbedarf:

1. Wir benötigten dringend frisches Bier!
2. Wir hatten zwar keinen Kühlschrank, aber der war trotzdem leer.
3. Wir benötigten einen Grill und Kohle, die Kinder mochten unbedingt grillen.
4. Der Osterhase hatte Eier zu verstecken.
5. Also fuhr der Osterhase einkaufen.

Mit der Grünen düste ich in die kleine Kreisstadt Gifhorn mit charmantem Stadtzentrum und einer Reihe Jahrhunderte alter Gebäude mit viel Backstein. Lüneburger Heide eben. Auf dem Markt ein Matjesbrötchen, lecker! Alles schnell besorgt und zurück mit vollbeladener Ente. Rötgesbüttel zählt vielleicht 2.000 Einwohner und besteht ansonsten aus einer Tankstelle, einem Laden, einem Briefkasten, sogar einen DB-Haltepunkt gibt es. Und natürlich den Campingplatz Glockenheide.

Trotz einem aufgerollten Dach zur besseren Entlüftung kommentierte Cordelia, dass ich nach Fisch stinken würde. Den mag sie weder essen noch riechen. Die Einkäufe wurden kurz zweckmäßig umgepackt und dann folgten wir unseren Kindern ins Getümmel. Das Töchterchen sahen wir bei den Ponys, Söhnchen dagegen fast im Feuer. Alle glücklich, nur einer im Zweifel. Na prima!

Der Osterhase hatte Eier vom Huhn und solche aus Schokolade besorgt, Schokohasen waren auch da, Eiermalstifte ebenso, doch ENTEN fehlten. Cordelia traf neue Freundinnen vom Lagerfeuer und ich schlenderte erst mal zu diesem Hüha, denn mir war nach einem dieser herrlichen Calvadosse. Das halbvolle Glas Apfelbrand wie gestern Abend mit der Hand wärmend und genießerisch inhalierend wanderte ich über den Platz. Gerade entwickelte sich eine Art Marktplatz mit Ersatzteilverkäufern, Krims und Krams und einem Reparaturservice. Direkt hinter der Reparatur breitete gerade ein Mann seine Sachen zum Verkauf aus und ich erblickte „es“: Eine große und oben offene Miniatur einer 60er-Jahre-Ente mit Trampelantrieb. Echte Handarbeit, grau lackiert und fahrbereit. Mit meinem noch unvergossenen Calvados in der Hand handelte ich den super-exorbitant hohen Kaufpreis auf immer noch exorbitant hoch runter und stahl mich mit dem Ding klammheimlich davon. Würde Cordelia noch genug Geld zum Tanken haben? Am Zelt schnappte ich mir die grad gekaufte Wochenendausgabe der „Gifhorner Rundschau“ und die Rolle Alupapier. Damit polsterte ich die Tretente so gut es ging. Mit gutem Willen konnte man ein riesiges Osterei erkennen, das jetzt in den Kofferraum der gelben Ente sollte. Mist, passte nicht. Rücksitz also raus aus der Verankerung und etwas nach vorne damit, Ei drin! Ha, geschafft! Am Hüha ließ ich mein Calvadosglas wieder großzügig füllen und fand grinsend meine mich immer noch liebende Gattin. Die schaute mir tief in die Augen, ich gestand alles. Sie hatte noch genügend Geld für die Rückfahrt dabei. Da konnte der nächste Tag ruhig kommen. Wir kamen schnell mit den anderen ins Gespräch und standen bald vor ein paar neuen Freundschaften.

„Welches Treffen besucht ihr als nächstes?"

„Fahrt ihr zum Welttreffen?"

Ein Welttreffen, was ist das schon wieder? Wir fühlten uns überfallen und desorientiert und hatten weder Meinung noch Ahnung. Dann zog unsere völlig ausgehungerte Nachkommenschaft auch schon unmissverständlich an unseren Klamotten und forderte vom Erziehungspersonal sofortigen Nachschub. Ab zum Zelt und den Grill anschmeißen. Vor lauter Hunger aßen sie heute sogar Salat, Ententreffen sind also gut für Kinder! Es wurde wieder kühler, doch bald glühten Kohlen und Wangen. Eine opulente Grillorgie mit verschiedenen Fleischsorten und riesigen Würstchen folgte. Nur die leckeren Folienkartoffeln mussten in Ermangelung von Alufolie heute ausfallen ... Pipensatt und zu keiner weiteren Bewegung fähig, rollten wir zum Aufwärmen ins Clubhaus, wo sich Mutter und Vater erst einmal ein ruhiges Bierchen gönnen wollten. Doch die Rechnung hatten wir ohne den holländischen Kugelblitz gemacht. Dave und seine Band Botulisme spielten mit Rock- und Bluesstücke auf, was uns buchstäblich vom Hocker riss. Wir tanzten stundenlang, fast die ganze Nacht hindurch. Völlig bestürzt starrte unser Nachwuchs auf die als bedeutend seniler eingestuften meschuggenen Alten. Wie lange hatten wir nicht mehr so getanzt!

Am nächsten Morgen stand ich mit schweren Gliedern, leichtem Muskelkater und üblen Kopfschmerzen auf. War ich zu lang durch die Nacht gehoppelt? Überraschend lagen auf den Lüfterklappen der beiden Enten Ostereier. Auch ich gab mir in meiner Rolle als Osterhase größte Mühe und schaffte es in meiner Not sogar die kleinen Osternester zu verstecken. Dann mit kurzen Schritten Wasser geholt und einen göttlichen Kaffee aufgebrüht, an den die beiden Schönen aus Brasilien kaum herangekommen wären. Erholung pur. Mein Lärm und der Kaffeeduft weckte die Familie. Cordelia reckte und streckte sich unter ähnlichen Spätfolgen wie ich, als die Kinder schon die ersten Nester fanden. Ratzfatz befanden sich die grad versteckten osterhasigen Gaben auf dem Campingtisch, erste Schokoladeneier schmolzen in kleinen Mündern.

„Waren das alle?"

„Nein!"

Es raschelte im Gebüsch, Laub flog, kleine Äste brachen, Rufe.

„Nichts."

„Hier auch nichts."

Attacke! Die Kleinen stoben auf die Enten zu, vielleicht hier?

„Psst!"

„---"

„In der Nacht war die Ente auch mal laut."

„Welche Ente?"

„Na, unsere gelbe Ente, ich glaube sie hat ein Ei."

„Ein Ei?"

„Ja, wollen wir mal vorsichtig nachsehen?"

Wir öffneten zögerlich den Kofferraum der Gelben und erblickten staunend das riesige Aluminiumei. Es gab kein Halten mehr.

„Fasst mit an, wir heben es raus."

Das Ei lag auf dem Heideboden und die Kinder entfernten die Grillfolie. Eine Ente, mit der man sogar fahren konnte, kam zum Vorschein! Das Geschrei war enorm. Zuhause würde sie selbstverständlich zwischen den „Großen" stehen. Und zum Glück stritten die Kinder nicht, denn sie waren Stolz auf ihre erste, eigene Ente.

„Achtet auf die richtigen Enten und macht keinen Unfall..."

Die Ermahnung hörten sie schon nicht mehr und waren auf und davon. Wir frühstückten in Ruhe. Der neue Nougatpott gehörte endlich einmal nur mir! Uns kam der Gedanke, dass unser Sohn bald aus der Trampelente herausgewachsen sein würde. Ob er dann eine Größere von uns fordern würde? Weil es auch im Zelt frischer wurde, trabten wir Hand in Hand zum Lagerfeuer, das noch leise vor sich hin kokelte. Wir wandten uns also dem Hüha und seinem Calvados zu. Es gab zwei Crêpes und durch die Baumkronen kämpfte sich das bisschen Ostersonne. Herr-je, was ging es uns gut! Selbstverständlich sprachen wir wieder mit Jener und Diesem. Man klärte uns über diverse Ententreffen auf und wir hörten unterschiedlichste Meinungen. Kinderfreundlich? Alle! Alle bis auf ein „Woodstock-Falk-Geburtstags-Treffen". Da gäbe es von früh bis spät sehr laute Musik *daher der Name* und für Kinder? Besser zu Oma und Opa! Und Ostern in Karlsruhe wächst Bärlauch. Auch gut! Abends kreisten wieder die Bierpullen. Aus dem Clubhaus wieder Live-Musik. Doch wir hatten keine Kondition mehr. Als Verpflegung dienten „Vor-Ort-Pommes-Schranke".

Am nächsten Morgen ging es früh raus. Wenigstens am Abend wollten wir noch bei Oma und Opa vorbei. Nach flottem Abbau und Beladung der Enten taten wir es den anderen gleich und verließen mit lautem Hupen den Platz. Dann auf die Autobahn in Richtung Berlin. Berlin? Genau. Ein paar Kilometer Richtung Hauptstadt befand sich ein Autohof, wo wir uns unter die außerordentlich sauberen Duschen stellten. Merke: Feiertags kommt kein Trucker. Und vier Bieber bei Oma und Opa geht wirklich nicht. Aber was geht, das sind Ententreffen.

Wir kommen wieder, egal wohin. Aber mit drei Enten!

Elsa, die Gummibärchenkuh

Erstaunliches aus der Tierwelt

Die ganze große Familie Wolfpril trifft sich alle zwei Jahre zu einem Familientreffen. Da treffen sich dann an einem Nachmittag alle, die irgendwie mit uns verwandt sind entweder in einem Hotel oder auch in einem Café. Dieses Jahr waren wir im Tal des Flusses Wupper, dort im Hotel „Bergischer Löwe“ direkt am Fluss. Da alles was Wolfpril hieß dorthin fuhr, wollten auch Oma und Opa unserer Kinder mit. Sechs Leute passen nur mit Mühe in eine Ente, wir haben aber glücklicherweise zwei solcher schönen Gefährte. Also fuhren meine Frau Cordelia, die Kinder und die Großeltern mit unseren beiden Enten ins Bergische Land. Das sind von uns aus nur ein paar Kilometer und das schafften wir spielend. Mein Sohn durfte sogar vorne sitzen, denn er war ja schon 12 Jahre alt und freute sich riesig. Bevor wir nachmittags einkehren würden, hatten wir uns noch einen kleinen Ausflug vorgenommen, denn im Bergischen Land bei Wuppertal verkehrt eine Oldtimer-Straßenbahn mitten durch den Wald. Klar, dass wir da mitfahren mussten. Wir fuhren in das Städtchen Cronenberg und stellten dort unsere Enten ab. Wie die alte Bahn über die Strecke ruckelte; das war ganz schön spannend. Unten im Tal an der Kohlfurth angekommen, ging es auf Wanderschaft zu Fuß den Fluss entlang und rauf in die Felder. Die Sonne schien, Schmetterlinge taumelten um die Blüten der Wiesenblumen herum, das Getreide auf den Feldern stand schon ganz schön hoch. Meine Tochter lernte einiges von Hafer, Weizen und Roggen. So erfuhr sie von Getreidesorten, aus deren Mehl Brot gebacken wird und wie ihre heiß geliebten Haferflocken entstehen, die sie morgens vor der Schule isst. Landwirtschaft wurde plötzlich ganz toll für meine Tochter. Sie wollte immer mehr wissen über Wiesen, Kartoffeln, Gemüse, Tiere, eben über alles, was ein Bauer auf seinem Hof macht. Sie fragte uns Löcher in den Bauch. Als wir dann vor einem Bauernhof standen, platzte sie vor Neugier. Im Stall muhten Kühe, Enten quakten am Tümpel, Hühner liefen gackernd und pickend frei herum; vor seiner Hütte lag der Hofhund, der uns müde und gelangweilt mit nur einem, noch dazu halboffenen Auge zublinzelte. Ausgerechnet jetzt kam der Bauer aus seiner Scheune, meine Tochter auf ihn zu:

„Kannst du mir deine Kühe zeigen?"

Er blieb erstaunt stehen, runzelte die Stirn, lachte dann.

„Hm. Das mache ich gerne. Komm mal mit, geh' nur nicht zu nah an die Kühe, die erschrecken sich sonst."

Das wollte sie natürlich nicht.

„Wusstes du, dass meine Kühe Gummibärchen essen?"

Oma, Opa, Mutter, Vater und Kinder dachten, bei dem Bauern piept es. Wir schauten uns alle betroffen an.

„Ihr glaubt mir nicht? Kommt alle mit, ich zeig es euch!"

So spazierten wir alle in den Stall, in dem große Haufen

Heu, Strohbündel und viele Kisten und Fässer standen. Über zwanzig Kühe hatte der Bauer und es roch doch ziemlich nach Landwirtschaft. An den Stallwänden sahen wir nebeneinander Stromleitungen, Wasserleitungen und etwas daneben Milchleitungen. Doch, Milchleitungen! Durch diese Leitungen fließt die Milch, die mit den Melkmaschinen von den Kühen gemolken wird, in einen großen Milchtank. Der freundliche Bauer war ziemlich stolz auf Stall und Kühe, erklärte uns alles und zeigte zum Schluss, was in den großen Fässern war. Darin befand sich Maismehl. Maiskolben kennt jeder und aus den Maiskörnern kann man auch Mehl mahlen. Dieses Maismehl verfütterte der Bauer an seine Kühe. Das ist erstmal nichts besonderes, aber da griff der Bauer zu einem Sieb, siebte etwas Maismehl und siehe da, Gummibärchen! Im Sieb lagen Gummibärchen!

„Die Gummibärchen versuche ich immer aus dem Mehl zu sieben, aber alle bekomme ich natürlich nicht heraus," sagte der Bauer, „also fressen meine Kühe Gummibärchen!"

„Muhhh!"

sagte die Gummibärchenkuh Elsa als Bestätigung. Ihr Name stand an der Stallwand.

„Wieso sind aber Gummibärchen in dem Mehl?" fragte meine Tochter mit ganz großen Augen. Gummibärchen liebte sie nämlich über alles.

„Nun, das ist ganz einfach",

antwortete der Bauer, der übrigens Heinz hieß,

„ich kaufe das Maismehl immer ganz billig in der Süßwarenfabrik ein. * Die machen allerlei Süßkram und auch Gummi-

* Das frühere Dr. Hillers-Werk in Solingen

bärchen. Die werden so hergestellt: Aus einer Maschine fließt die Bärchenmasse in eine kleine Form der Gummibärchenmaschine, die dann die Gummibärchen presst. Damit die Bärchen dann nicht in der Form kleben bleiben, hat eine andere Maschine vorher ein bisschen Maismehl auf die Form geblasen. Gepresst wird dann zwei, drei Mal. Dann macht ein kleiner Besen die Form wieder sauber. Das gebrauchte Maismehl fällt dann in so ein großes Fass hier. Das Ganze geht so schnell, dass manchmal doch noch ein Gummibärchen in der Form klebt und dann vom Besen mit ins Fass gefegt wird. Das Maismehl ist eigentlich total sauber und es wäre echt schade, wenn man es wegwerfen müsste. Für Menschen ist das Mehl zwar nichts mehr, aber die Kühe mögen es sehr gern. Hier probiert mal."

So standen wir im Kuhstall und mampften Gummibärchen.

„Die sind echt!"

rief meine Tochter aus.

„Und die Kühe dürfen wirklich Gummibärchen essen?"

„Klar" antwortete der Bauer, „zu viele wären nicht gesund, aber ein paar machen nichts."

„Danke!"

Überall im Stall lag Stroh, die Kühe muhten und drehten sich mit ihren großen Augen nach uns um. Manche stampften mit ihren Füßen auf; meine Tochter hatte viel Respekt, so eine Kuh ist auch viel größer als ein noch recht kleiner Mensch. In einem weiteren Raum hatte Bauer Heinz eine Menge alter landwirtschaftlicher Geräte, Maschinen und noch einen Berg Strohballen gelagert. Dicke Spinnweben hingen wie Hexenhaar von Decke und Wänden. Ein Lichtstrahl fiel durch ein Fensterchen, in dessen Licht Staubkörnchen und Fliegen auf und nieder tanzten. Oben an einem Holzbalken, der einen Dachbalken stützte, hing ein feines Spinnennetz, an dessen Ende bestimmt eine fette eklige Spinne saß und auf eine dumme Fliege wartete. Ich fühlte mich beobachtet und war deshalb etwas unruhig. Irgendetwas sah mich an, aber was? Ich schaute mich etwas genauer in dem Scheunenanbau um, erwartete ängstlich die Riesenspinne, was natürlich blöd war, denn Spinnen sind sehr nützliche Tiere. Da sah ich das Auge, dass mich regungslos anstarrte! Ich ging ganz langsam darauf zu. Es steckte mitten im Stroh, unbeweglich starrte es geradeaus. Heinz folgte und staunte nicht schlecht, dass ich das Stroh aufgeregt beiseite fegte. Erst sah ich einen, dann zwei Scheinwerfer. Dann einen Kühlergrill und die Stoßstange einer uralten grauen Ente.

„Die wollte ich mir schon lange fertig machen", sagte Heinz, sprang ins Stroh und wühlte das seltsame Gefährt frei. Seltsam deshalb, weil es eigentlich nur ein halbes Entlein war.

„Mein Vater hatte das Teil vor vielen Jahren, ich glaube sogar in den Sechzigern, gekauft. Er hat damit im Winter auf dem Hof und zu den Wiesen Strohballen, Futter und so gefahren, seht her."

Sprach`s und fing wieder an, im Stroh zu wühlen, bis wir den flachen Boden sahen. Hinter Fahrer- und Beifahrersitz der Ente war die Karosse schlicht abgesägt. Da wo man eine Rückwand erwarten würde, hing lediglich der Rest einer Plane vom Metalldach. Ursprünglich musste es also einmal eine Kastenente gewesen sein. Ursprünglich! Ein Nummernschild hatte das Ding auch nicht.

„Darauf legte mein Vater damals nicht so den Wert", erzählte Heinz grinsend.

„Das mit der Plane war einfach, es war viel trockener als auf dem Traktor, denn die hatten früher ja noch keine Kabinen und Stereoanlagen. Mein Vater erzählte mir, das Auto hätte so 12 oder

15 PS und vor 15 Jahren ist er noch damit gefahren. Zwei Reifen sind hin, zwei haben sogar noch etwas Luft. Ab und zu habe ich das Ding hin und her gerollt, damit es nicht fest rostet."

Mit viel Gequietsche öffneten wir die Motorhaube und darunter befand sich wirklich ein winziges Motörchen. Was der TÜV zu so einem bergischen Strohballen-Pkw sagen würde?

"Vielleicht was für ein landwirtschaftliches Museum?"stellte Heinz in den Raum; wir ließen es unbeantwortet. Dann hörte er aus Kindermund unsere Geschichte, wie eine Familie zu zwei Enten kam und amüsierte sich köstlich. Wir verabschiedeten uns von ihm und seinen Tieren, nicht ohne zu versprechen mit unseren Enten wieder zu kommen und zu schauen, wie weit er dann mit seiner wäre. In der bergauf ruckelnden Elektrischen fielen uns noch ein paar Fragen ein, die wir beim nächsten Mal stellen würden. Schmeckt die Milch nach Gummibärchen? Ist die Milch dann gummibärchengelb, gummibärchenrot oder so? Wenn man die Milch lange rührt, gibt das dann Gummibärchensahne oder Gummibärchenbutter? Iiih, Wurstbrot mit Gummibärchenbutter, das schmeckt doch gar nicht! Brrr.

Das Familientreffen im „Bergischen Löwen" war bei weitem nicht mehr so interessant wir unsere Entdeckungen im Tal der Wupper. Und am nächsten Schultag meinten die anderen Schüler zu meiner Tochter:

„Bei dir piept es doch!"

Selbst ihre Lehrerin runzelte ihre Stirn, so, als ob man ihr einen riesigen Gummibären aufgebunden hätte. Manchmal glauben einem Menschen die schönsten Geschichten nicht.

So etwas.

Vatertag

Ein gestresster Familienvater reißt aus

Es war dunkel. Stockfinstere Nacht. Kein Mond, keine Sterne, wolkenverhangene schwarze Nacht. Wie ein gefangener Tiger in seinem Zirkuskäfig lief ich vor dem großen Fenster in unserem Wohnzimmer auf und ab und auf und ab. Voller Unruhe, Haare raufend und wie von einer fremden Macht getrieben. Ich kann nicht sagen woher es kam, vielleicht war Vollmond? Wahrscheinlich steckte es aber in mir. Ich habe einen unsäglichen Freiheitsdrang. Könnte Wüsten durchwandern, durch Ozeane schwimmen. Landschaften sehen, Menschen treffen, Neues lernen. Monatelang auf Tour sein. Immer über den nächsten Hügel schauen und wieder über den nächsten und so weiter. Vielleicht habe ich das von meinem Urgroßonkel Rudolph. Der wanderte dereinst nach Deutsch-Südwestafrika und von da nach Südamerika aus. Zuletzt landete er in Australien. Von ihm gibt es noch ein Buddelschiff aus Argentinien – und seine Gene habe ich wahrscheinlich auch. Dabei habe ich es hier zu Hause saugut. Ich habe eine tolle, interessante und begehrenswerte Frau, bin dazu noch mit den beiden Kindern gesegnet. Der Job bei der DB bringt leidlich Geld und Cordelia verdient sich ihre Brötchen in der Sozialstation. Eigentlich läuft alles bestens, aber…

„Schatz, was ist mit dir? Kannst du nicht schlafen?"

„Ich will hier raus!"

Ich Idiot, denn schneller hat Mann seine Lebenspartnerin nicht wach! Jetzt hatte ich sie auch um den Schlaf gebracht.

„Komm," sagte sie, „erzähl!"

Sie schob mich auf die Couch, drückte mich in eine Ecke und setze sich mit gespitzten Ohren gegenüber auf die Sesselkante. Sie kannte mich eine Weile und wusste, dass bei mir wieder irgendein Punkt erreicht war, nur nicht welcher und auch nicht, was los war. Zum Glück konnten wir uns immer gut zuhören. Also sprudelte alles aus mir heraus.

„Mit dir wird es wenigstens nicht langweilig."

Das hatte ich schon mal gehört.

„Du hast alles Recht der Welt, mal zwei, drei Tage auszuspannen. Fahr doch mit Charly auf Tour!"

Ich wollte aber nicht mit Charly sondern für mich sein, ich wollte für mich sein, alleine auf Abenteuer oder so. Meine praktisch veranlagte Ehegattin zückte den Familienkalender und entdeckte sofort freie Tage:

„Himmelfahrt, schau mal Anton, da haben wir noch nichts vor, das ist Vatertag und da hast jetzt du einmal frei, du machst eine Vatertagstour!"

„Was, sonne Sauftour? Pfui Teufel, du weißt doch, dass ich blödes Kampftrinken nicht mag."

„Ist doch egal was du machst, du hast frei! Was denkst du?"

Der Gedanke ein paar Tage alleine wegzufahren war Cordelia gegenüber absolut unfair, aber trotzdem verlockend und Urgroßonkels Freiheits-Gen siegte. Wir gingen also ins Bett und konnten beide schlafen.

Am Morgen war ich etwas verdrießlich und unausgeschlafen. Mein schlechtes Gewissen plagte, ich konnte Cordelia kaum ansehen. Zum Überfluss tickte unser pubertierender Herr Sohn ebenfalls durch die Bude. Ihm war nichts recht, das eine zu fad, das andere zu dick und so fort. Um ihn sollte ich mich mehr kümmern, er braucht dich, dachte ich bei mir und dann kam die Erleuchtung! Ich schaute ihn also verschwörerisch an.

„Mein Sohn ich glaube, wir müssen etwas für deine Bildung

tun. Was hältst du von einer ausgedehnten Herrentour mit mir zu Vatertag?“

Ein flüchtiger Seitenblick auf Cordelia signalisierte mir pures Einverständnis, gepaart mit etwas Anerkennung und Erleichterung. Meinem Sohn stand ein großes Fragezeichen im Gesicht.

„Von Donnerstag bis Sonntag mit der Ente auf Tour, du sagst wo es hingeht, aber bitte nicht zu weit!“

„Naturpark Bayerischer Wald!“

Den Park hatten sie letztens in der Schule besprochen; seitdem ist mein Sohn fasziniert von Wildbeobachtung, Vogelkunde, von Leuchtmoos und so weiter. Unser Abreisetag näherte sich schneller als gedacht. Mit typisch männlicher fast wissenschaftlicher Genauigkeit bereiteten wir unsere erste alleinige gemeinsame Tour vor. Wenn der Vater mit dem Sohne... Cordelia schüttelte nur ihr weises Haupt. Wir schrieben alles auf eine Liste, die dann letztlich immer länger wurde und am Ende genug Material für eine napoleonische Invasion des Bayerischen Waldes verzeichnete. Also verfuhren wir nach einem alten Mittel von Expeditionsleitern. Wer einmal Bücher über Entdeckungsreisen las, weiß, wovon ich schreibe: von den drei Seiten Liste flogen zwei in den Papierkorb, von der übriggebliebenen nahmen wir nur die Hälfte mit und das war noch zu viel. Für drei Tage versteht sich. Das musste alles in die Ente, die Rücksitzbank flog raus, dann passte es.

Vatertag, Start im Morgengrauen.

Frau und Tochter, Mutter und Schwester. Wir ließen sie hinter uns und blickten nicht zurück. Richtung Cham! Dort hatte sich mein Filius einen Campinglatz ausgeguckt. Die Fahrt ging flott voran; bald querten wir unweit von Hanau die bayerische

Staatsgrenze, die Passkontrolle blieb uns zum Glück erspart. Hinter Geiselwind bei Würzburg erwischte uns dann das Schicksal; mit viel Geblubber und Geruckel lief unsere Ente auf dem Standstreifen aus. Mein erster leidgeprüfter Blick fiel auf die Tankanzeige, die nach einer dummen Erfahrung repariert wurde, doch die zeigte genügend Sprit an. Daran lag es also nicht. Erst einmal den Haubentaucher machen und siehe da, da war es schon! Ein Zündkabel ward stümperhaft verlegt, kam an den heißen Krümmer und seine Isolierung schmolz fleißig dahin, bot so dem Kupferdraht einen neuen Kontakt. Hallo Strom! Schnell die fragliche Stelle mit Tape umwickelt und das Kabel mit einem Kabelbinder *Nobelpreis für den Erfinder derselben!* fixiert. Kalt lächelnd fuhren wir heiter weiter. Bayern ist groß und die A3 lang; irgendwann quälte uns unsagbarer Hunger. Wir beschlossen, unsere Verpflegungsrationen vorsichtshalber zu sichern und aus dem Land zu leben, hieß, wir fuhren irgendwo ab und suchten uns einen Gasthof. Tatsächlich fanden wir einen Imbiss, wo wir uns an Leberkäse mit Bratkartoffeln gütlich taten. Mein Blick fiel immer wieder auf die kesse Bedienung. Ein fröhlich junges Rehlein mit herrlichen langen braunen Haaren und einer scharfen Zunge. Sie lachte unbefangen zurück.

„Papa, hast du was mit Marlene?"

Da fiel mir die Bratkartoffel von der Gabel, der junge Herr war weiter als ich dachte. Marlene ist die Entenfahrerin aus der Eichenstraße, die ich über Herrn Eberlein kennengelernt hatte.

„Nein, mein Sohn!"

Ich lehnte mich auf der Bauernbank des Imbisses zurück, schaute ihn an und fuhr fort:

„Marlene ist eine tolle Frau und ich unterhalte mich sehr gerne mit ihr, würde vielleicht sogar gerne einmal etwas mehr mit ihr machen, aber ich bin immer noch verknallt in deine Mutter! Immer noch, und mal ehrlich, Mama ist das Beste, was mir je passiert ist."

Mein Sohn schaute mich mit großen Augen an.

„Oder wüsstest du eine, die meine Kapriolen mitmacht, mich immer noch liebt und nicht klammert wie ein Koalajunges?"

Die Antwort schien überzeugend, denn es kam ein vehementes „Nein!"

Mir gab die Frage meines Sohnes aber sehr zu denken. Vermutet da jemand etwas was nicht ist? Den Imbiss verließen wir mit vollgebunkerten Bäuchen. Auf dem Weg zur Ente begegnete uns ein schlankes rothaariges Mädchen, mein Sohn drehte sich um. Aha! Es gibt also Gesprächsstoff und siehe da, auf der Weiterfahrt entwickelte sich eine Erörterung der Frauentypen. *Liebe Leserinnen, das war nix Frauenfeindliches, im Gegenteil. Als Vater muss man den Sohn auf die richtige Bahn lenken. Aber wahrscheinlich befand er sich bereits darauf.*

Wir hatten schon den Rand des Naturparks erreicht und kauften an einem Dorfkiosk einen Kaffee für mich und eine eiskalte Coca Cola für ihn. Danach eine kurze Rast auf einem Feldweg am Straßenrand. Nach kurzer Diskussion gingen wir an unsere Verpflegungsration; zuerst mussten die hochgesunden Schokoladenkekse dran glauben. Ohne Kekse keine Ententour bei den Wolfprils. Die Sonne schien prächtig, der Boden noch etwas kalt, aber egal, Indianer kennt keinen Schmerz. Wir fühlten uns sauwohl. Dann ritt mich der Teufel. Wenn er in Frauenfragen schon so weit ist, dann war es doch Zeit, dass er Autofahren lernt? Wenn der Vater mit dem Sohne! Die Picknickklamotten flogen im hohen Bogen in die Ente; mit viel Kribbeln im Bauch wechselten Pilot und Co-Pilot die Sitze. Ich sichtete. Der Feldweg war sehr lang und ging in einen Waldweg über. Und im hintersten Winkel Bayerns kommt eh kein Mensch auf seinem Traktor lang. Also los! In einer Trockenübung die Pedale und die Schaltung erklärt. Dann Anlasser und juhuu, die Maschine läuft. Zaghaft legte mein Sprössling den Ersten ein und ließ langsam die Kupplung kommen. „Etwas mehr", sagte ich. Er tat es und die Ente machte einen Sprung nach vorn, wir waren unterwegs! Klar, wer jahrelang zum Erschrecken aller Anwesenden auf der Kirmes Selbstfahrer fährt, hat auch eine Ente im Griff. Nach kurzer Ermunterung waren wir ohne Luftsprünge im zweiten Gang und sausten den Feldweg lang. Das Dach offen, der Wind wehte uns um die Nasen und wir schrien vor Vergnügen. Der Wald nahte, abbremsen, Gang raus, stehen, Klasse, noch mal! Das Manöver mit dem Rückwärtsgang klappte hervorragend und hopp hopp waren wir wieder im zweiten Gang und bald zurück an unserem Ausgangspunkt. Noch mal! Diesmal etwas mutiger, denn Filius entdeckte den dritten und wir flogen dem Wald entgegen.

„Langsamer!"

Er vom Gas. Der Weg war breit genug: Wir in den Wald. Bald wurde mir mulmig, doch der Pilot hielt unverdrossen Flughöhe. Nach unendlichen Minuten konnte ich den Kapitän zur Umkehr bewegen, doch bis zum Waldende wollte er das Steuer in der Hand halten und gab nochmal Gas. Etwas zuviel. Er kam nur etwas, ein klein wenig etwas von der Idealspur ab, erschrak vor einem nur etwas größeren Stein auf der linken Seite, verriss das Lenkrad und setzte uns noch in der Schrecksekunde rechts in den Graben.

Stille.

Vogelgezwitscher.

Irgendwo knackte ein Ästlein.

Eine Hummel summte vorbei.

Ein Kohlweißling brach durch das Gebüsch.*

Wir saßen fest im herrlich schönen oberpfälzer Mischwald. Die Bäume standen nicht dicht gedrängt in Reih′ und Glied wie in einem Forstbetrieb, sondern locker verteilt. Ich schloss auf eine ehemalige Schonung mit kleinen Büschen, Farnen, Lichtungen mit Gräsern durchsetzt; in den Sonnenstrahlen tummelten sich Fliegen, Mücken und Schmetterlinge. Der Boden roch feucht und intensiv, nur Pilze konnte ich nicht sehen. Durch den Wald schlängelte sich ein Forstweg, direkt daneben ein Graben. Und darin eine Ente. Meine Ente. Langsam kühlte der Auspuff aus, sein zusammenziehendes Metall machte leise ping, ping, ping. Wir waren langsam genug, dass uns nichts passierte (beide angeschnallt natürlich!), aber schnell genug, dass wir weit und tief im Graben lagen. Wir schauten uns an, sagten nichts, kein Wort, echte Männer, wussten beide, dass wir den Bogen überspannt hatten. Wie kommen wir wieder raus? Fahrerwechsel. Nach nur ein paar Umdrehungen saßen wir auf, da half auch keine Ruckeltechnik mehr. Mist! Versuch, die Räder auszugraben, kein Erfolg. Äste unterlegen, reichte nicht. Mist! Rausheben! Die Idee! Hinten ginge gut, doch vorne mit Motor – keine Chance. Verd... Langsam wurde es auch dunkel, denn wir hatten viel Zeit verloren mit Kaffee, Cola und dem spontanen Abenteuer. Es half aber nichts, wir brauchten Hilfe. Warten? Hier im hintersten Winkel Bayerns kommt eh kein Mensch auf seinem Traktor lang. Handy raus, doch, eh, wo waren wir überhaupt?

* Frei nach Jacques Berndorf

Auf der Karte konnten wir uns so in etwa lokalisieren. Na gut. Aber warum kein Netz? Himmelherrgottsakramentkreizkruzifix-verflixtnochamoal!

Trotz böser Worte hatte der Angesprochene ein Herz mit uns. Lag es daran, dass er auch einen Sohn hat? Auf jeden Fall hörten wir von Ferne Motorengeräusch. Und das an Himmelfahrt, wie mir noch einfiel. Bald sahen wir ein forstwirtschaftliches Nutzfahrzeug in Form eines alten, grünen Unimogs auf uns zukommen. Der Forstmann stoppte. Kopfschüttelnd und ohne viele Worte zu machen angelte er ein kräftiges Seil und zog unseren lahmen Vogel ohne Mühe aus seiner misslichen Lage. Dann wurde der Forstmann gesprächig.

„Warum?"

Bevor mir eine halbwegs plausible Ausrede präsent war, gestand mein Sohn frei seinen ersten Fahrversuch. Und seine Bruchlandung. Soviel Ehrlichkeit überraschten Förster und Vater.

„Richtung Cham wollt ihr auf einen Campingplatz? Ist da überhaupt einer? Wurscht. Ist viel zu weit, da kommt ihr erst im Stockfinsteren an. Ihr kommt mit mir, im Forsthaus ist genug Platz."

Er sah so aus, als wenn er keine Widerrede duldete.

„Und der Vater fährt!"

Es ging tief, ganz tief in den dunklen Wald hinein; wir fanden uns vor einem soliden Betonbau wieder, leider kein so ein romantisches, verstecktes Holzhäuschen. Dafür hatte man es drinnen umso wohnlicher urbayerisch gestaltet. In einer Art Schank- oder Aufenthaltsraum saßen zwei weitere Waldarbeiter. Wir bekamen ein Zimmer und ein Abendessen zugewiesen. Selbstverständlich übernahmen wir den Abwasch. Dann wurde es gemütlich, Bierflaschen wurden entkorkt und ein Kräuterschnaps kreiste.

Auf seine Feuertaufe hinter dem Lenkrad hin musste mein Sohn ein Glas Bier trinken; er wurde etwas rot im Gesicht und redselig. Schnell war er bei seinem Lieblingsthema aus der Schule, dem Wald, der Forstwirtschaft, der Wildbeobachtung und den Leuchtmoosen. Der Forstmann hörte ihm aufmerksam zu, musterte ihn, zögerte noch etwas und fragte:

„Junge, hast du Lust mit mir morgen früh auf einen Hochsitz zu gehen? Das Ansitzen ist aber sehr früh!"

Mein Sohn schaute mich bittend an.

„Dein Vater kommt selbstverständlich mit."

Prima! Welche Freude!

Noch vor vier Uhr wurden wir geweckt. Ein kurzes Frühstück, auf den Unimog und noch tiefer in den Wald. Nach ein paar Kilometern Waldweg wurden wir ausgesetzt. Und im Schein einer kleinen Taschenlampe erklommen wir einen Hochstand, während wir noch den sich langsam entfernenden Unimog hörten. Dann wurde es ruhig und es war stockdunkel.

„Verhaltet euch ganz ruhig, nur der geringste Laut und wir sehen heute nichts an Wild."

Wir waren mucksmäuschenstill. Wie der rabenschwarze Wald. Man sah fast die Hand vor Augen nicht. Es herrschte totale Stille, absolut nichts zu hören. Langsam kroch mir die Kälte in die Glieder. Stunde um Stunde verging. Der Wald lag ruhig und friedlich da. Still und doch mächtig. Gibt es hier keine Nachtvögel? Auf einmal war ein winziger Hauch von Dämmerung auszumachen und noch im selben Augenblick rief der erste Vogel. Noch nie habe ich einen Vogel so intensiv gehört wie an diesem Morgen im Wald. Dann rief ein zweiter, bald ein dritter und ein vierter. Der Wald erwachte.

„Psst!“ bedeutete uns der Förster.

Unter uns war jetzt der Waldweg auszumachen. Leichter Nebel stieg über der Lichtung vor uns auf. Wir spähten mit weit geöffneten Augen, konnten aber keine Tiere ausmachen. Hinten unter uns raschelte es. Was war das? Ein Wildschwein? Keine Ahnung. Es wurde heller. Immer noch nichts zu sehen. Ich blickte vorsichtig auf meine Armbanduhr, bald war es acht und wir saßen hier fast vier lange Stunden. Plötzlich ein paar schnelle Bewegungen, Blätter rauschten an einem Busch weit links von uns und da! Ein paar Tiere, kaum auszumachen, wechselten über den Forstweg. Zwei, drei Sekunden dauerte das Schauspiel. Dann war es vorbei.

„Rotwild! Das sieht man auch hier nicht immer. Lasst uns runtergehen, mein Kollege kommt sowieso gleich. Ihr ward immer noch zu laut, vielleicht lag es daran.“

Mir war eiskalt, doch mein Sohn völlig begeistert und total aus dem Häuschen. In der Ferne brummte bereits der Unimog. Auf der Rückfahrt ließen sich dann tatsächlich noch drei Rehe aufscheuchen, da war es dann endgültig um meinen Sohn geschehen. Beim späten Frühstück mit göttlich heißem Kaffee textete er die Waldmenschen so zu, dass sie uns einluden, bis zum Sonntag zu bleiben. Das konnte ich meinem Sohn unmöglich abschlagen. So lernten wir einiges im und vom Wald, Motorsägen und beide(!) Unimog fahren. Wir revanchierten uns mit unseren Verpflegungsrationen, ich übernahm das Kochen und abends fielen wir völlig fertig in die Betten. Am Sonntag ging es dann wieder auf den Heimweg. Mein Sohn machte beim Waldmenschen sein Schulpraktikum klar und mir wurde bewusst:

„Der wird kein Entenschrauber.

So ein Mist: Der wird Förster!“

Auszeit

Abschalten

Für mich ist meine Ente ab und zu eine Art Therapie.

Nach langatmigen Verhandlungen über Großkundentarife wird mein Citroën 2CV zum Rückzugsort. Mein Ort der Stille und inneren Sammlung oder erst einmal ein Ort der Beruhigung, verdammt! Es ist tatsächlich immer die gleiche Prozedur, ein echtes Ritual: Wenn ich an meine Ente herantrete, streife ich ihr erst einmal mit der rechten Hand sanft oberhalb der Fahrertür über ihr Stoffdach, meist so, dass ich noch etwas Metall vom Häuschen *für Nicht-2CVler: Die Karosserie* berühre. In der linken Hand halte ich dann zumeist noch meine Aktentasche, die alsbald in die rechte Hand wandert, denn die Fahrertür öffne ich nur mit der linken. Verrückt? Aber das Ritual geht noch weiter. Wenn ich in die Ente steige, setze ich mich erst einmal ruhig in den Fahrersitz und ruckel mich gemütlich hinein. Dann genieße ich diesen typischen Geruch. Das ist wie nach Hause kommen und ein Genuss: Eine Mischung aus Staub, Leder, Kunststoff, Rost und über allem eine Spur Öl. Und alles noch gemischt mit etwas Feuchtigkeit, denn die bleibt einer Ente nie erspart.

An besonders warmen Tagen bilde ich mir noch ein, den Unterbodenschutz förmlich riechen zu können. Dabei liegt dessen Erneuerung schon sehr lange zurück. Zu lange.

An ganz heißen Tagen riecht mein Blechvogel anders, besser, dann verfliegen Öl und Feuchtigkeit. Ich schnalle mich noch nicht an, denn nun entspanne ich mich. Ich lasse meine Arme, meine Hände, ja, meinen Kopf sinken und ohne Muskelanspannung einfach so verweilen. Meist setzt ein leichtes Kribbeln in den Armen ein, bald merke ich die Spannung in den Schultermuskeln und kann auch diese lösen. Mein Kopf sinkt auf die Brust, aus dem Nacken kommt ein herrliches Gefühl, wenn sich dort die Muskeln seicht dehnen. Sind Beine und Füße frei und locker? Ich schließe die Augen und verweile in dieser merkwürdigen Position. Ich höre meinen Herzschlag und atme in langsamen tiefen Zügen den Duft des 2CVs. Wie lange es dauert? Ich weiß nicht, schaue ja nicht auf die Uhr, denke aber so drei bis fünf Minuten. Augen wieder auf, Beine, Kopf, Füße, Hände, Arme in Normalposition und die kleine Erholung genießen. Dann wandert mein Blick durchs Auto, ich kontrolliere, ob noch alles da ist. Viel ist es ja nicht. Wenn ich mich unbeobachtet fühle, dauert die Phase des Augenschließens länger. Und wenn nicht, ein kurzes Aufschnaufen, Schlüssel suchen und ab ins Zündschloss, starten und stopp, anschnallen. Ein wenig warte ich noch, bis der Motor ganz rund läuft und schnurrt wie eine Nähmaschine. Viel größer ist das Motörchen ja eh nicht. Alsdann rollen wir meist gelassen vom Parkplatz und neuen Zielen entgegen. Nach Möglichkeit suche ich fern der Autobahn oder Bundesstraße eine nette Gelegenheit zum Stoppen. Am liebsten nahe eines Gewässers, auf jeden Fall etwas ab von der Straße. In meiner Ente befindet sich nämlich immer ein äußerst bequemer Regiestuhl, den ich dann am rechten hinteren Kotflügel so aufstelle, dass ich mich mit dem Rücken an meine Ente anlehnen kann. Und wenn mir dann noch die Sonne ins Gesicht scheint... so eine Viertelstunde Pause wirken bei mir schon Wunder. Bei Regen bleibe ich in der Ente sitzen, übe wie oben geschildert und genieße zusätzlich die auf das Stoffdach fallenden Tropfen. Die trommeln alle doofen Gedanken aus dem Hirn. Bald geht es weiter zum nächsten Termin oder nach Hause, wo dann nämlich kein auf links gedrehter Gatte oder Vater einrollt.

Soviel Zeit muss sein.

Sind Sie ein A-Typ?

Die ENThusiastischen Angebote im hübschesten Mittelgebirge des westlichen Deutschlands namens Eifel nehmen in letzter Zeit zu. Grund genug, sich das hügelige Gebiet näher anzusehen und zum „A-Typen-Treffen“ nach Kyllburg zu rollen. Ein Reisebericht.

Irgendwo in der Eifel rolle ich bei völliger Dunkelheit aus.

Wo liegt dieses Kyllburg? Verdammt!

Ich halte auf einer kleinen Straße mitten im Wald und versuche mich zu orientieren. Das hat man nun davon, ausgesprochener Navi-Gegner zu sein, große Straßen meiden zu wollen und angeblich romantische Routen zu wählen. Die Romanik geht jetzt zu Fuß. Wegen der funzeligen 2CV-Innenbeleuchtung mit der Straßenkarte in der Hand nach draußen vor den Scheinwerfer. Es hätte so einfach sein können, sagt die Karte. Einfach auf die A60, bei Staffelstein runter, 2x rechts ab, noch einmal über den Kreisverkehr = da!

Egal jetzt. Meine Karte verrät: Es sind noch so 10 bis 12 Kilometer, das schaffe ich! Tatsächlich erreiche ich bald Kyllburg. Jetzt machen es kleine Schilder mit dem Citroën-Zeichen einfach. Doch auf einmal stehe ich wieder im finsteren Wald. Es kann nicht sein! Drehen und nachschauen. Doch, stimmt. Langsam und vorsichtig, nicht dass ich Angst vor Elchen hätte, rolle ich weiter durch den Wald und einen Berg hinunter. Schilder mit Citroën-Doppelwinkeln winkeln mich an einem Freibad vorbei. *Auswinkeln: die Spitze der Doppelwinkel zeigt als Pfeil verwendet die Fahrtrichtung zum Treffen an. Clever!*

Kurz darauf erblicke die bereits aus Rötgesbüttel vertraute Ansicht: Enten, Zelte, Wohnwagen, Leute mit Pullen in den

Händen und mittendrin ein Lagerfeuer. Es gibt zur Begrüßung einen obligatorischen Begrüßungsschluck. Der Apfelsaft aus der Obst-Region Bitburger Land soll gesund und bester Qualität sein. Ich wähle aber lieber den Batralzem. Ein zauberhafter Wehrmutaufgesetzer keltischen Ursprungs, mit dem die Kelten hier in der Eifel unter Führung ihres Helden Ambiorix im Jahr 54 v.Chr. zwei Legionen Cäsars kräftig versemmelten, wie ich von einem sehr umfangreichen Kerl von den Düssel-Enten erfahre. Behauptete der. Ein Jahr später wäre das Zeug wohl ausgegangen und das keltische Volk der Eburonen durch Cäsar komplett vernichtet* worden. Ich probiere, mich haut das Zeug aus den Sandalen.

Die trinkfreudigen Kumpels aus meinem Club sind bereits früher angekommen und halten mir einen erlesenen Platz frei. Echt super. Direkt an der Kyll, so heißt der Fluss da, baue ich mit taumelnder Unterstützung der Kumpels an einem Mäuerchen mein Zelt auf. Hochwasser? Egal. Es wird schon stehen bleiben. Isomatte und Schlaftüte sind schnell rein geworfen, dann hurtig zum Laberfeuer. Angenehmerweise offerieren das O-Team Anke und Manni am Empfang neben dem bereits erwähnten Teufelszeug bestens Gekühltes, ich lasse mir die lokale Spezialität „Eifeler Landbier“ durch die Kehle rinnen. Dies öffnet den Blick für die Gegend. Der Treffenplatz liegt wie schon geschildert direkt an der Kyll, dem längsten Fluss der Eifel, der bei Trier in die Mosel mündet. Er ist so zwanzig Meter breit. Links und rechts steigen die Berge steil und hoch an, totale Tallage. Direkt nebenan das Freibad, toll für Kinder und mich. Auf der anderen Seite ein verwahrloster Tennisplatz: Das sonst laut vernehmliche „Plopp, aaah.“ „Plopp, aaah“ „Plopp, aaah“ plopppploppplopp bleibt einem also erspart. Hinter dem Tennisplatz im Dornröschenschlaf unter über einen Steg über die Kyll hinweg liegt der Campingplatz Kyllburg. Dessen Duschen und das Restaurant „Campingschänke“ dürfen wir nutzen. Dort gibt es nicht nur Schnitzelromantik, sondern auch allerhand niederländische Spezialitäten, denn die Masse der normalen Feriengäste kommt von da. Wasser für das Treffen ist aus dem ehemaligen Tennishäuschen zu entnehmen, also nur `n paar Meter wech vom Zelt. Womit die Infrastruktur vor Ort auch schon fast in aller Kürze geklärt ist. Die 906-Einwohner-Stadt (!) Kyllburg bietet neben reichlichem Leerstand und einem Bahnhof in Zuckerbäckerarchitektur mit stündlichen Direktverbindungen nach Trier und Köln auch noch zwei Supermärkte, so dass man sich seine Nahrungsmittel nicht etwa selbst fangen muss.

Früher Vogel fängt das Brötchen? Der frühe Vogel kann mich mal. Ich verhalte mich A-typisch und schlafe aus. Bei mir gibt es Spätstück. Mensch wie schön, die Kyll plätschert vor sich hin, Fische springen, manchmal schnattert ein Schwimmvogel. Am späten Vormittag steigt der Lärmpegel an, man trifft sich zur Orientierungsfahrt. So um die 50 km soll es durch die Eifel gehen, wenn man die Strecke findet, sonst wird´s mehr. Ich spar mir das und verfüge mich in die Campingschänke, wo ich erst einmal zwei Pötte Kaffee genieße und mir dann ein kräftiges Spätstück, Schnitzel mit zwei Spiegeleiern drauf nebst Pommes und Majo, überlege. Die darauf folgende Überlegung weist ganz klar den Weg ins Freibad. Voll gefressen dümpel ich mit müden Beinschlägen ein paar Bahnen auf dem Rücken, tauche etwas. „Da bläst er!“ höre ich Rufe, als ich schnaufend auftauche. Genug sportliche Aktivitäten, ablegen und Augen zu. Kurz eingenickt werde ich durch ein Schnüffeln geweckt und blicke in das wölfische Grinsen eines neugierigen dicken Kurzhaardackels. „Daaaanielchen....!“ Ab ins Wasser, nein keine Sorge, nicht Danielchen sondern ich. Noch mal fein Tauchen und alsbald tiefenentspannt zurück auf den Treffenplatz. Gähnende Leere. Alle unterwegs auf O-Fahrt oder wie meine Kumpels Grillfleisch kaufen. Oder so. Bier ist mir zu früh, Batralzem erst recht. Am Empfang gibt es einen Kaffeeservice. Regensicher überdachte Tische und Bänke laden zum Niederlassen ein, doch ich setze mich mit einem vollen Pott heißem Kaffee an die Kyll und lasse die Seele baumeln. Alles fließt.

Mit ausgebaumelter Seele zurück werde ich genötigt, einen Blick auf das Feuer zu werfen, eine Aufgabe nach meinem Geschmack. Anke und Manni hatten – mit Genehmigung des Kyllburger Bürgermeisters, wie man mir heftig versicherte – Feuerholz aus den anliegenden Wäldern organisiert und so macht es mir sehr viel Spaß, ein feines, kleines Feuerchen zu unterhalten. Bald treffen nach und nach die Leute von der O-Fahrt ein, letzte Fragen klärt man heimlich, dann Zettel abgeben. Alsbald setzt geschäftiges Treiben ein. Grillgeräte werden angeworfen, wohl riechender dunkelblauer Qualm zieht in dichten Schwaden über den Platz. Ein paar Plopps verraten, dass die ersten Trinkfläschchen geöffnet werden. Meine Kumpels kauften den nahen EDEKA leer und starten eine wahre Grillorgie. Bei Einsetzen der Dämmerung *Es ist Ende Juni!* beginnt die Preisverleihung zur O-Fahrt. Wer gewinnt erfahre ich nicht, denn ich muss Schnitzel kauen. Ansonsten gäbe es Strafpunkte von der eigenen Bande. Wenn das beste Salatblatt ignoriert, das letzte Schnitzel gegrillt, die letzte Wurst gegessen, ok, dann ganz A-typisch ab ans lodernde Laberfeuer, das Geschirr spült die Kyll...

Es geht bis tief in die Nacht. Irgendjemand macht immer wieder laute Musik, schlafen will trotz reichlicher Trinkfläschchen, in der Eifel „Stubbi“ genannt, nicht sein. Also gehe ich um das Freibad herum, hoch in den Wald. Das kann ich wunderbar genießen. Ich lasse alles fallen, also innerlich meine ich, keine Sorge, und höre in die Stille. Irgendetwas ruft, knistert, knastert, zirpt und fiept immer. Wenn es etwas lauter raschelt und Flügel schlagen, vielleicht gerade zum letzten Mal. Danach wieder Stille. Ich halte bis zur einsetzenden Morgendämmerung aus und höre dem Konzert zu, wenn sich nach und nach ein erster und zweiter Vogel meldet, langsam Betrieb im Wald aufkommt und die ganzen Vogelgesänge ein Waldorchester bilden. So ein früher Vogel ist manchmal doch ganz schön. Ich schlafe bis mittags, höre keine Kyll, keine Fische und keine Abreisenden... Das Zelt wird dann doch nieder geworfen, in der Ente verstaut, Tschö gesagt und dann ab, nein nicht nach Hause. Ich fahre noch etwas weiter westlicher auf das hübsche Ferschweiler Plateau. Dort gibt es keltische Menhire *also die aus Asterix und Obeliz bekannten Hinkelsteine* und im nahen Luxemburg preiswert Benzin und Kaffee. Der wird zu Hause gekocht, beim Kaffeeschlürfen Cordelia das Beste vom Treffen erzählt und im nächsten Sommer soll die Familie mitkommen. Zum A-Typen-Treffen nach Kyllburg in der Eifel. Sie auch?

**P.S: Wer sich für die Historie der Eburonen interessiert, sucht im Netz nach „Ambiorix".*

**P.P.S: Mittlerweile zog das Treffen auf den Campingplatz Eifel-Blick in Gerolstein-Hinterhausen um. Der Batralzem kam mit.*

Sonderurlaub

Ein gestresster Familienvater muss in den Urlaub

In der Abenddämmerung saßen mein Abteilungsleiter und ich auf dem Rückweg bequem in einem unserer 1.Klasse-Grossraumwagen im hochmodernen ICE3. Das Infodisplay an der Stirnseite des Waggons signalisierte uns, dass wir wie Schmitz´ Katz unterwegs waren. 299 km/h, dreifache Entengeschwindigkeit. Nur standen da nie die Verspätungen. Und deshalb dauerte unser heutiger Termin mal wieder bis inne Puppen. Wir hatten eine anstrengende Konferenz in der Vertriebszentrale hinter uns und schwiegen uns jetzt angenehmerweise nur an. Doch einem Abteilungsleiter sollte man nicht trauen, keine fünf Minuten lang, sage ich!

„Was ist denn jetzt aus Ihrem Urlaub geworden, Herr Wolfpril? Sie hatten doch um ein paar Tage frei ersucht, nicht wahr?"

„Sie hatten das nicht genehmigt, Herr Brandenburg."

Brandenburg sah auf, entsann sich vielleicht meiner Kinder, fragte nach meinem phänomenalen Resturlaub, dem allgemeinen Krankheitsstand und erschreckte mich dann:

"Herr Wolfpril, Sie bekommen Ihre drei Wochen! Bereiten Sie morgen früh den Urlaubsantrag vor, ich unterschreibe sofort und dann reichen Sie das direkt bei Frau Schröder ein. Dann haben Sie frei!"

Gedacht hatte ich an drei Tage, denn wir wollten alle zu einem neuen, großen Treffen am Gederner See in Hessen, und nun ... drei Wochen! Die Kinder hatten gerade Ferien und ich hatte daran gedacht viel später, vielleicht im September noch ein paar Tage zu nehmen. Die Kids würden dann wieder in der Schule sein und Cordelia in ihrer Sozialstation. Dann wollte ich maximal was an den Enten schrauben und ansonsten die Füße hochlegen und Ruhe haben. Ruhe. Nichts als Ruhe.

„Danke, Chef!"

So ein Dilemma, was jetzt? Das einzig Positive würde morgen früh das dämliche Gesicht von Frau Schröder sein, der alten Schrecke, die alle immer voller Missgunst wie Dörrobst ansieht. Ansonsten hatte ich zwar Charlys Hauszelt wieder organisiert und auch die Tage in Gedern leidlich vorgeplant, aber danach?

Locker hatte ich mich mit Herrn Eberlein, meiner Straßenbahn-Bekanntschaft aus der Eichenstraße, zum Kaffeetrinken verabredet. Selbst im brasilianischen Café würde das kaum für drei Wochen reichen. Mir fiel Eberleins Nachbarin Marlene ein, die ebenfalls Entenfahrerin war. Sie war wohl seine heimliche Liebe, er hatte sich aber noch nie richtig mit ihr unterhalten. Nur einmal hatte er sie mir bei einer Straßenbahnfahrt in Anwesenheit meiner ganzen Familie und etwas kribbelig kurz vorgestellt. Sie war wirklich eine bemerkenswerte Erscheinung! So bemerkenswert, dass mir meine geliebte Gattin einen drohenden „Wehe-Dir-Bursche-Blick" sandte. Marlene schwärmte regelrecht von einer geplanten Reise mit Freund und Ente in die Bretagne. Natürlich war ich bei dem Gedanken an eine Fahrt in die Bretagne gedanklich auch sofort ins Schwärmen geraten, hahm. Nun ja.

Jetzt kam ich also endlich mit drei Wochen Urlaub in der Aktentasche zu Hause an. Es war stockfinster, draußen wie drinnen, alles schlief. Und so konnte ich am nächsten Morgen das Bonbon am Frühstückstisch knallen lassen.

„Leute, ich habe eine schlechte und eine gute Nachricht!"

„Nein, Papa, du hast nicht schon wieder einen Sonderdienst, wir wollen nach Gedern!"

„Schlimmer, Kinder, schlimmer!"

„???"

Banges Warten auf Seiten des Nachwuchses, misstrauischer Blick bei meiner leidgeprüften geliebten Gattin.

„Mit Gedern, das kriegen wir schon irgendwie hin, aber...“

„Anton!“

„...Schatz, ich habe ab Morgen drei Wochen Urlaub, was machen wir denn bloß damit?“

Während meiner Gattin das Brötchen mit der österreichischen Orangenmarmelade, die uns Oma Elvira immer aus Salzburg mitbrachte, aus der Hand fiel, jubelten die Kinder. Die wussten selbstverständlich nicht, was sie für einen niederträchtigen Vater hatten, den das Schicksal am Vortag so hinterhältig überrollte. Cordelia war sichtlich rat- und sprachlos.

„Vorschlag: Wir packen für drei Wochen, fahren zum Gederner See aus, da wollen wir doch alle noch hin, oder...?“

„JAAAA!“

„...weiter in die Bretagne.“

„???“

„Das liegt in Frankreich, wir fahren ans Meer, haben weitläufige Strände, frischen Fisch und...“

„Calvados...“ unterbrach mich Cordelia und ich erinnerte mich selig an das Apfelgetränk am HY *sprich Hüha* des französischen Bistros in Rötgesbüttel.

„... da kommen Asterix und Obelix her und es gibt es massenweise echte Hinkelsteine und bestimmt auch ein gallisches Dorf.“

Die Kinder schienen ok, doch Cordelia runzelte tatsächlich noch etwas ihre hübsche Stirn. Fragend sah ich sieh an, sie überlegte lange.

„Mama!“

„Südfrankreich fände ich klimatisch günstiger, auf der anderen Seite ... warum nicht? Ich bin auf jeden Fall dafür, dass wir nach Frankreich fahren, da können die Kinder schon mal etwas Französisch hören, das hilft in der Schule.“ *Wie praktisch gedacht!*

Tage später rollten zwei bepackte Citroën 2CV aus und begaben sich im besten Pladderregen erst einmal die paar Kilometer nach Gedern zum ersten 2CV-Deutschlandtreffen überhaupt. Dort gibt es einen kleinen, aufgestauten See und halbmondförmig drum herum wand sich ein riesengroßer Campingplatz, dessen eine Hälfte für die Entenschar reserviert war. Im Laufe der Tage kamen immer mehr, zum Schluss sollen es über 450 gewesen sein. Durch die Regenfälle war der Platz quetschnass; wir bauten Charlies Zelt direkt unten am Seeufer auf, wo das Regenwasser leider am wenigsten abfloss, egal. Dafür hörten wir morgens Entengeschnatter und die Fische springen.

Ein kleines buntes Programm wartete auf uns. An zwei Ausfahrten nahmen jeweils über 50 Enten teil, die auch alle wieder zurückfanden! Die Touren organisierte ein gewisser Hans aus Aschaffenburg, der dann am Donnerstagabend auch noch ein sehr gelungenes Bierseminar abhielt, das sich bis nach ein Uhr nachts hinzog. Ha! Jetzt kann auch ich selber Bierbrauen, nur Cordelia befürchtet seitdem das Allerschlimmste.

Ein Musikprogramm vom Kölner Karneval, *!!!* einer Bluesband mit gutem Saxophon bis hin zur Elvis-Kopie Aaron. Es war für jeden Geschmack etwas dabei. *Elvis hatte hier quasi Heimatstaus, seitdem er in den Fünfzigern als GI einmal zwei Wochen auf dem Gelände des Gederner Campingplatzes übernachtet hatte.*

Schön war der Samstagnachmittag. Mit einem Baukran hievten die Veranstalter eine grüne Sausssente auf zwei durch schwere Balken verbundene Trampelboote, setzen einen Mast und flaggten über Top und Takel. Ein schöner Gaudi und Ziel vieler schwimmender Kinder, die bald auf dem Nichtfedervieh herumtobten. Ein paar Entenclubs bauten Stände auf und es fanden sich viele 2CV und Umbauten zu einer Fahrzeugpräsentation ein. Im Gegensatz zu den Städten ganz in der Nähe hatten wir hier echt gutes Wetter. So hieß es beispielsweise in Frankfurt Land unter, was meinen besorgten Vater anrufen ließ. Eine Entenfahrerin aus München übernachtete sogar irgendwo zwischen, weil sie durch Regen und Stau nicht mehr vorwärts kam.

In Gedern aber war eitel Sonnenschein, wir hatten Glück. Nur das noch von den Hügeln rinnende Regenwasser lief nicht aus dem Festzelt ab, auch eine schnell vom Traktor gezogene Furche konnte das Zelt kaum entwässern. Direkt davor entstand eine Schlammwüste und mitten drin nahm ein verrückter Kerl namens Pattex ein Schlammbad, was mich sehr an die Fernsehaufnahmen von Woodstock erinnerte. Wir konnten unseren Nachwuchs nur mit Mühe bremsen, es ihm nach zu tun. Das Beste an dem Treffen war die Stimmung! Alle waren total lässig, relaxiert, hatten ihren Spaß und gingen gut miteinander um. Wir trafen Leute vom Ostertreffen in Rötgesbüttel wieder und machten viele neue Bekanntschaften. Im August 2006 sollte das nächste Deutschlandtreffen im Saarland stattfinden, wir würden hinfahren, vorausgesetzt mein Abteilungsleiter und Frau Schröder würden grünes Licht geben. *

* Bislang folgten 2CV-DET im Saarland, Bremen, Taubertal, Asbach, Hofheim-Diedenbergen, Kommern, Dinslaken und Karlsruhe.

Sonntag früh, ganz früh machten wir uns auf den Weg nach Westen ins Reich der Franken und dort weiter in das ehemalige Reich der Kelten. Wir kurvten über Luxemburg. Hinter Paris hatten wir die Nase so was von gestrichen voll. Ich spreche leider kein Französisch, aber von den wenigen Worten, die ich dort lernte, ist mir „Peage" am unbeliebtesten. Unwort des Jahrhunderts! Das stand immer dann am Straßenrand, wenn wieder Mautstationen auf uns zukamen. Wegezoll wie im Mittelalter. Ob es diese Abzocke auch dereinst in Allemannien geben wird? Aber nicht mit uns! Cordelia und ich stimmten uns ab und fuhren weiter auf Nationalstraßen. Weil wir mit gleich zwei Enten unterwegs waren, wurden wir oft mit viel Humor, Lächeln und Winken aufgenommen. Heimat des 2CV eben.

Mein Sohn war ganz gut im Kartenlesen und hat uns bis auf eine Ausnahme nicht auf Misthaufen lokaler Agrarökonomen dirigiert... Unser Ziel war Morlaix, denn dort lebten einmal die zwei unbesiegbaren Gallier; das hätten wir auch noch gut geschafft, wenn nicht mitten in der Pampa auf einmal der Motor meines Erpels streikte. Er wollte einfach nicht mehr. Ich wackelte hier, zog dort, es nützte nichts. Zu heiß? Ich ließ die Maschine abkühlen; auf der kleinen schmalen Straße, auf die uns unser Sohn Richtung Dinan lenkte, war eh kein Verkehr, wir machten erst einmal Picknick. Doch die Mühle wollte einfach nicht. Die Zeit verrann.

Ich machte noch einmal den Haubentaucher, Zündfunke, Kerzen ok, alles da. Wat nu? Tumb, tumb, tumb, tumb kam ein bretonischer Bauer mit seinem uralten Einzylinder des Weges und stoppte. Da uns eine gemeinsame gesprochene Sprache fehlte, retteten wir uns mit Zeichen und Gebärden. Und er kannte sich mit dem schönsten Auto der Franzosen aus. Er suchte und wühlte, ohne dass ihm seine Baskenmütze vom Kopf fiel, im Motorraum herum. Als er den Benzinschlauch vom Vergaser zog, war ihm klar, wo das Problem lag. Staubtrocken! Er baute sich grinsend vor mir auf und ich ahnte bereits die Konsequenzen. Nun, also, irgendwann auf der Tour machte die Benzinanzeige schlapp (es lag nur an diesem Stecker im Kofferraum, wie wir viel, viel später noch herausfanden), ich merkte mir nach dem Tanken die Kilometer, wollte dann immer so bei 300 km wieder neu tanken, doch es schien sich ein Merkfehler eingeschlichen zu haben oder mein Erpel verbrauchte zuviel. Und dann fiel mir ein, was wir zu Hause vergessen hatten; den Reservekanister. So kam es, dass ich einen kleinen aber langwierigen Ausflug auf einem Einzylinder durch die Bretagne unternahm. Cordelia war begeistert. Vorteil: Der Bauer hatte nicht nur Benzin auf seinem Hof, sondern auch noch eine Wiese für Zelte. Dort stand schon ein Pärchen aus Arnheim. Nach Morlaix war es eh zu spät, so beschlossen wir, ein paar Tage bei unserem Retter zu verbringen und von hier Dinan, Dinard und St. Malo und selbstverständlich die Klosterinsel Mont St. Michel zu besuchen. Mit Charlies Zelt kannten wir uns jetzt schon gut aus und bauten das Monstrum auf einer etwas abgelegenen kleinen und sehr saftigen grünen Wiese auf; unser Gastgeber kam hinzu und gestikulierte wild, doch wir verstanden ihn nicht. Schulterzuckend ging er fort und sprach im Abgehen so was wie:

„Les Allemands sont stupides ...“

Trotzdem wurden wir herzlich aufgenommen, Madame bereitete Abendbrot mit Fischsuppe und einer Auswahl von regionalem Käse und Wurst und selbstverständlich bestem Baguette. Dazu gab es selbst produziertem Cidre. Lecker!

Leben wie Gott in Frankreich.

Morgens noch in Gedern, am Abend schon in der Breatagne. Der Tag war lang gewesen und so fielen wir nur noch auf unsere Luftmatratzen und freuten uns auf den nächsten Tag. Doch man soll nie den Tag vor der Nacht loben ... Es begann erst zu regnen, dann zu schütten. Es war total romantisch, auf dem Rücken zu liegen, dem Plätschern des Wassers zuzuhören. Neben mir die schlafende Cordelia. Nicht so romantisch war der langsam ansteigende Wasserspiegel im Zelt!

Wir soffen nämlich ab.

Alles nass.

Die Kinder knatschig.

Wir versuchten zu retten, was unbedingt trocken bleiben musste. Fotoapparate und so. Unser Lärm blieb weder bei den Niederländern noch im Bauernhaus ungehört. Wir hatten auf einer Art artesischer Quelle gezeltet. Vorher trocken und jetzt beim sehr starken Regen wieder kurzfristig in Betrieb. Prost Mahlzeit. Also erstmal Obdach im Bauernhaus. Am nächsten Morgen trugen wir unser Zelt mit vereinten Kräften auf eine trockenere Wiese und spannten Wäscheleinen... Zum Glück schien sogar etwas die Sonne. Wir fuhren nach Dinan einkaufen, die Kinder blieben auf dem Hof, denn dort waren sie besser aufgehoben. Abends saßen wir mit den Arnheimern und dem Bauernpaar vor deren Haus auf alten rustikalen Stühlen und Bänken, tranken Cidre und Calvados und quatschten mit Händen und Füßen und niederländischer Übersetzungshilfe bis tief in die Nacht. erst nach ein paar Tagen hielt uns nichts mehr, wir wollten nach Morlaix. Von unseren Gastgebern bekamen wir noch den guten Tipp, uns den Campingplatz St. Pabu in der Nähe von Erquy auf dem Weg nach St. Brieuc anzusehen. Der wäre sehr schön, würde fast unmittelbar am langen Sandstrand liegen und von vielen Familien besucht werden. Wir testeten, befanden für gut und hatten dieses Mal ganz ohne Tankprobleme, artesische Quellen oder ähnlichen Hindernissen einen neuen Standort gefunden. Der Platz lag an einem Hang, wir hatten eine herrliche Sicht auf das Meer, konnten in der Ferne Schiffe ausmachen und staunten nicht schlecht über die Tide; bei Flut kam man recht flott ans Wasser, bei Ebbe durfte man kilometerweit auf dem festen Strand laufen. Morgens kam aus dem nahen Erquy ein Fischer und bot fangfrische Makrelen an. *Tipp; die in Alufolie nur mit einer Scheibe Zitrone auf den Grill, göttlich!* Hier könnte ich immer leben, Baguette, Rotwein, Cidre, Calvados, gesalzene Butter, Camembert und die frischen Makrelen. Es gab aber noch mehr für uns. Die Kinder freundeten sich mit einer Familie aus St. Brieuc an, die hier auf dem Camping einen Jahresplatz hatten. Man lud uns zum Abendessen ein, doch nicht sie kochte, sondern ER. „Er" war eine beachtliche Erscheinung. Groß, kräftig, schwarzhaarig und mit einem dicken Schnauzbart. Mich erinnerte er an den Schauspieler William Conrad. Es gab verschiedene Salate, Vorspeisen, selbst aus dem Sandstrand gebuddelte Muscheln; besonders erinnere ich mich noch an die frischen Artischocken, die Monsieur Poilbout „Les fleurs de Bretagne" nannte. Deren Blätter tunkten wir in eine unnachahmlich einfache Soße aus Salz, Pfeffer und einem kleinen Geheimnis und lutschten nur den unteren weichen Teil des Blattes ab. Danach die beste Scholle meines Lebens, die Monsieur am Morgen an einer seiner Fischleinen hatte. Die Kommunikation lief auch hier nur mit Händen und Füßen und ein paar ganz wenigen Brocken Englisch ab; wir amüsierten uns prächtig. Nur zu unseren Citroëns schüttelte er den Kopf:

Wie können wir bloß mit zwei Enten durch die Gegend gondeln? Es stellte sich heraus, dass Monsieur William Conrad mit Volkswagen handelt. Ausgerechnet. Monsieurs Vater kam später auch noch hinzu, beteiligte sich am Rotwein und an der Kommunikation, er konnte sogar noch Deutsch aus längst vergangenen Tagen: "Allez, allez Kamerad!" Ich hatte unbegründete Angst vor Ressentiments, denn im Krieg hatte auch dieser Teil der Atlantikküste ziemlich gelitten. Aber Grandpére war aufgeschlossen und alle betrieben wir fleißig Völkerverständigung.

Am frühen Morgen gingen wie alle gemeinsam die Fischleinen ab und wir wurden im Muschelsuchen und Muschelausgraben unterwiesen. Keine Frage also, was es bei unseren aktiven Kindern regelmäßig zum Essen gab. Sie waren toll beschäftigt mit ihren neuen bretonischen Freunden, Sprachprobleme kannten sie nicht untereinander. Den ganzen Tag waren sie ungesehen. Dadurch hatten Cordelia und ich viel Zeit für uns. Wir unternahmen Strandspaziergänge, genossen Wind, Wellen und uns. Dann und wann zogen wir uns fein ins Zelt zurück und das manchmal mit ganz viel Salz auf der Haut. So ein Sonderurlaub kann doch ganz schön werden.

Die Fliege

Ein gestresster Familienvater geht zur Schule

Dank des Sonderurlaubs hatte ich am Ende der großen Sommerferien noch eine ganze Woche frei. Die Kinder gingen wieder zur Schule und Cordelia zur Sozialstation. Auf mich warteten Garten, Hängematte und Liegestuhl. Sonne, ein paar Bücher, viel Ruhe. Kalte Getränke und noch mehr Müßiggang. Nur zum frühen Abend hin hatte ich für alle etwas zu kochen, das war OK. Und es macht Spaß seine Lieben etwas verwöhnen zu können. Das sollte es dann aber auch sein mit den Verpflichtungen. Der Rest sollte reine Freizeit sein. Höchstens das Vogelgezwitscher aus den Bäumen hätte gestört. Hätte gestört ... Müßiggang ist aller Ärger Anfang.

Zu Beginn gab es gleich am Montagabend kiloweise Spaghetti, dazu Pesti, Speck, Sardellen nebst Thun mit Pilzen in Curry-Crème fraîche. Höllenscharfes Gehacktes in Chimi-Churri und Frutti di Mare. Ich hatte es absehbar so fürchterlich übertrieben, dass ich Charly anrief, der glücklicherweise großen Appetit auf Pasta mitbrachte. Wir diskutierten unsere Befindlichkeiten. Von meiner Seite war zu berichten, dass meine Lektüre *Schätzing, Der Schwarm* immer unheimlicher und spannender wurde. Die Kinder hatten einen ersten echt lauen Tag in der Schule. Nur Cordelia berichtete von Stress, denn ihre Sozialstation hatte die Betreuung von circa 40 Kindern einer Ganztagsgrundschule inklusive Mittagessen plus Schulaufgabenbetreuung plus Arbeitsgruppen neu übernommen. Dort ging alles schief was schief gehen konnte; die Küche war noch nicht richtig eingerichtet, die Kinder orientierungslos und ängstlich, Stundenpläne anders als abgesprochen. Es fehlte Hilfe an allen Ecken und Enden. Meine heißgeliebte Cordelia rang buchstäblich mit den Händen, raufte sich ihre schönen schwarzen Haare und suchte verzweifelt eine Lösung. Ich stocherte in den Spaghetti. Ausgerechnet mein bislang bester

Freund Charly – Retter aus vielerlei Lebenslagen – sprach aus, was er nicht hätte aussprechen dürfen:

„Du hast doch noch Urlaub, kannst du nicht aushelfen?"

Wenn Blicke hätten töten können: Er wäre Stückwerk. Atomisiert und verdampft, mindestens.

Cordelia hingegen schaute dankbar.

„Das würdest du für mich tun?"

Ich hatte bisher doch gar nichts gesagt.

„Du kommst doch mit Kindern so gut zurecht!"

Charly, das widerliche Miststück, nickt auch noch zustimmend. Da gibt man sich Mühe, will man mal so richtig nett sein, kocht den ganzen Tag und so – und dann das. Überrumpelt. Man nennt es wohl feindliche Übernahme.

„Danke Schatz!"

Mit einem gemurmelten Abschied von meinem Schwarm, Hängematte und Obstbäumen spazierte ich am nächsten Morgen und viel zu früh gegen Mittag zur Ganztagsschule. Den zur Küche und Speiseraum umfunktionierten Klassenraum fand ich sofort, ich folgte nämlich nur dem Lärmpegel. Die Kids waren so laut wie ein startender Airbus. Cordelia und ihre beiden Kolleginnen Sabrina und Barbara begrüßten mich herzlich. Die Aufgaben wären recht einfach bedeutete man mir, Raubtierfütterung bei den Kids, danach Schulaufgabenbetreuung und währenddessen Küche aufräumen. Kinderspiel. Das Essen kam. Es gab Hackfleischbällchen, Kartoffelpüree und Salat. Leider gab es aber noch keinen Essensplan, kein Mensch wusste, was der türkische Cateringunternehmer überhaupt bringen würde. Es galt den Kids also so schnell wie möglich die passenden Teller unter die Nase zu stellen – es hätte ja auch Suppe sein können – Besteck dazu, die Mahlzeit in die riesigen Schüsseln hopplahopp auf die Tische und los ging es – bei fast allen. Einige Kleine saßen aber recht trübselig da und schauten sich traurig um, besonders die Erstklässler. Sie trafen auf eine neue Umgebung, auf neues ungewohntes Essen, ohne Mama oder Papa eine Herausforderung. Doch es gab Hilfe, so tröstete Jessica den Oliver:

„Du darfst jetzt nie wieder bei deiner Mutter essen!"

Der riss nur noch seine Augen auf, Tränen strömten in Mengen und Oliver stürzte sich in Barbaras Arme. Andere Kinder waren total ernst, sie ignorierten jeden kleinen aufmunternden Scherz meinerseits und beobachteten vorsichtig ihre neue Welt. Wie haben meine Kinder auf solche Veränderungen reagiert, wenn man ihr vermeintlich kleines Leben kräftig durcheinander brachte? Nach Beendigung der Raubtierfütterung ging es an die Schulaufgaben. Erst die Tische sauber, zwei Gruppen in die Nebenräume, eine Gruppe bleibt beim Anton. Aha! Der kleine Lukas bekam plötzlich Bauchschmerzen, der Arme. Es dauerte keine 15 Minuten und ich hatte wieder alle Ausreden in Sachen Schulaufgaben drauf, die meiner Kinder und meine eigenen sowieso ...

Auch der nächste Tag lief ähnlich, keine Ahnung was es zu essen gab, Airbus-Lautstärke, dann das Essen. Dann Schulaufgaben. Daneben Kinder trösten, Kindern helfen, Kinder und Küche säubern. Fertig. Ich auch. Cordelia und ich fielen abends in die Betten, man, was hat das geschlaucht, das hätte ich nie gedacht.

Donnerstag.

Gott sei Dank Donnerstag. Nur noch zwei Tage für mich. Zur Raubtierfütterung gab es nicht nur Vollkornnudeln und rein vegetarisches Gemüse, sondern auch eine echte Raubtierjagd!

Kleines kann viel bewegen, doch dass so was Kleines so viele bewegt, dies konnte ich genau an diesem Donnerstag erleben. Eine gemeine deutsche Stubenfliege *lat. Musca domestica* verirrte sich in den Klassenraum und summte von allen unentdeckt umher, bis sie sich interessiert auf Jonnys Teller setzte, um das Gemüse zu inspizieren. Jonny war nicht begeistert und scheuchte die Fliege davon, die sich jetzt bei Hannah platzierte, die ebenfalls mit den Händen wedelte. Bevor das gierige und sechsbeinige Flugwesen nun Clarissas Nudeln erreichte, sprang diese schon auf, gestikulierte erst in der Luft herum, versuchte dann die Fliege zu fangen. Jetzt waren die Jagdinstinkte der jungen Menschenherde endgültig geweckt, alles sprang hoch und stürzte sich auf das arme Tier. Doch die Fliege war schneller, clever wich sie allen Attacken aus und reizte so die sie verfolgende Horde zu Höchstleistungen. Es war mühevoll, die toll gewordenen 35 Kleinen wieder zu beruhigen und sie wieder zu ihren Mahlzeiten zurück zu bringen. Die Fliege hätte eh nicht für alle gereicht.

Wenn der Magen voll ist wird der Mensch träge. Er sucht Ruhe und Entspannung. So auch bei diesen Kleinen. Die das Tollhaus überlebende Fliege summte von den Kindern durchaus beachtet weiter durch das Klassenzimmer und wagte nach einer gewissen Zeit einen zweiten Versuch auf Jonnys Teller. Das Gemüse roch zu gut! Die Kinderfüße scharrten, doch die Jagd war nun streng verboten und die Neugier siegte. Die Fliege tat sich an Jonnys Resten gütlich und die Köpfe der Kinder sanken immer tiefer bis ihre Augen auf Tellerniveau waren, von wo aus man das Insekt genauestens beobachten konnte. An dem Sechsertisch waren sechs Kinder auf Augenhöhe mit einer speisenden, sechsbeinigen Fliege. Sook, die kleine Koreanerin, machte den Flügelschlag der Fliege nach, Jonny aus Ghana blickte mit riesigen Augen aus fast nur 20 cm auf das Subjekt, der nach drei Schultagen schon recht hungrige Oliver hob und senkte seinen Kopf im Rhythmus des Fliegenrüssels. Von Hannah sah man nur die blauen Augen und den Lockenkopf. Am Beobachtungstisch war es ganz still, die Kinder folgten der Fliege nur mit ihren Augen und rührten sich keinen Millimeter von der Stelle. Das übertrug sich auf die anderen Kinder. So leise war es noch nie im Klassenzimmer. Fliegenhypnose. Auch die kleinste Fliege ist mal satt, sie erhob sich in die Lüfte, flog direkt durch das offene Fenster davon. Wenn sie nicht gestorben ist, fliegt sie noch heute. Vor Anspannung rot im Gesicht lösten sich die sechs Kinder nur langsam aus ihrem Fliegenbann, lachten vergnügt und erzählten sich gegenseitig ihre Beobachtungen. Im Unterricht heute: Fliegenkunde, selbstgemacht. Das werde ich nie vergessen. Beim Aufräumen erzählten wir uns Fliegengeschichten. Ich berichtete von einem Tierfilm über Enten und einer an den Stränden von Französisch-Polynesien lebenden Entenart, die sich nur von Fliegen ernährt. Sie läuft den Oberkörper, Hals und Schnabel weit nach vorn gestreckt in die auf diesen Inseln häufig vorkommenden Fliegenschwärme und schnapp, schnapp: Die Mahlzeit ist komplett. Der Name des Tieres fiel mir aber nicht ein. So dachten die Kids, ich binde ihnen eine Ente statt einem Bären auf.

„Nein Kinder, es stimmt: Ich sammel solche Geschichten über Enten, denn ich fahre ja auch eine!“

Da platzten alle los und lachten mich heftig aus. OK, war ja auch selten dämlich von mir ausgedrückt. Doch zwei ältere Jungs hatten eine Ahnung von Ente, das wäre doch sowas wie ein Käfer. Wieder Gelächter. Da besannen sich alle und wir gerieten in ein Fachgespräch über Automobile. Die Erst- bis Viertklässler waren recht laute rechthaberische Gesprächspartnerinnen und Gesprächspartner, bei denen man sich selbst manchmal etwas echauffiert.

„Nein, das ist keine Klapperkiste!"

„Nein, ich brauche keinen Motor, um mein Fenster auf zu bekommen, das ist viel zu umständlich und dauert viel zu lang, man klappt es einfach hoch."

„Vierventiltechnik seit über 60 Jahren."

„Doch, auch Enten haben Scheibenwischermotoren."

„Sie hat Revolverschaltung, Automatik ist für Nichtskönner."

„Ätsch, dafür habe ich `n Cabrio im Preis mit drin."

„Im Gegensatz zu Deinem Vater mit seinem dröseligen Golf bekomme ich fünfundzwanzig Kinder in meine Ente!"

Brüllendes Gelächter!

„Wie das glaubt ihr nicht?"

„Wetten, dass?"

„Ich setze Bio-Kräuterlimo für alle!!!"

Da saß ich nun wieder in der Patsche, Cordelia schüttelte sanft und nur für mich erkennbar den Kopf. Doch ein Münchhausen zog sich auch einst selbst an den Haaren aus dem Wasser, oder war das ein Sumpf? Kriegsrat. Wie machen wir das? Barbara und Sabrina bestimmten wir als Schiedsrichterinnen, als Zeitpunkt diente uns der kommende Freitagnachmittag – der ist schulaufgabenfrei an dieser Grundschule (!!!) – und zum Austragungsort bestimmten wir gleich den Kirmesplatz. Fehlte nur noch ein Videoteam zur Dokumentation für die Nachwelt. Hausmeister Hahn erklärte sich schmunzelnd und ein wenig neugierig bereit. So gingen wir alle frohen Mutes nach Hause und freuten uns auf einen ereignisreichen Freitagnachmittag.

An meinen grünen Erpel Entschuldigungen murmelnd betrat ich am Morgen jenes denkwürdigen Freitags die Garage, entfernte den Beifahrersitz, fuhr dann am Getränkediscount vorbei und besorgte eine Kräuterlimo aus dem Frankenland, die mich an ein Almgetränk zu Kinderurlaubstagen in Österreich erinnerte. Den armen Erpel parkte ich für jeden sichtbar direkt vor der Schule. Es gab Fisch, klar, es war ja Freitag. Rotbarsch mit Salzkartoffeln. Die Begeisterung hielt sich in Grenzen, aber es gab noch Nachtisch, eine Art Kirschquarkpuddingjoghurtmix. Nachtisch gab es aber nur für gaaaanz brave Kinder. Nachtisch ist eine prima lärmmindernde Option für versierte Erpresser! Gierig schaufelten die Kinder den ersten Löffel, den zweiten – Iiiiiiih! – es blieb ihnen im Halse stecken. Der Koch hatte den Zucker vergessen und die Nachspeise war sauer wie ein Sack Zitronen. Riesengroße Enttäuschung bis Wut, bis Sabrina unseren Kaffeezucker fand und heftig nachsüßte. Total gesund! Schnell alle Küche und Speiseraum aufräumen, der Höhepunkt des Tages nahte. In organisierter Unordnung strömte alles zum Kirmesplatz. Schwanenlange Hälse streckten sich in Richtung Ente. Ich setzte mich in meinen Erpel und tuckerte langsam hinterher. Herr Hahn begutachtete die Sonnenstrahlung und gab seine Regieanweisungen, wie ich denn mit der Bande an Bord welche Kurve wie zu fahren hatte und wo ich dann zum Stillstand kommen sollte, damit er das Verlassen der fünfundzwanzig Kinder aus der Ente schattenlos filmen konnte. Hereinspaziert! Die Kinder staunten nicht schlecht, als sie in die Ente sahen. Um Freiwillige brauchten wir uns keine Sorgen zu machen. Ach so ja, die Limo hatte ich natürlich vorher bei Herrn Hahn im Kühlschrank versteckt. Logo, oder? Ich verteilte die Freiwilligen langsam vom vorderen Bereich bis nach hinten durch, wobei ich die Kleinsten in die Ecken quetschte, die Größten in die Mitte. Zum Schluss musste ich dann doch etwas stapeln, aber: ES GING! Fünfundzwanzig Kinder in einer platten Ente. Vorsichtig setzte ich mich dazu. Um der Wette gerecht zu werden ließen wir das Dach geschlossen; ganz schön eng in meinem armen grünen Gefährt. Der Motor sprang an, ich kuppelte zaghaft, kam in den ersten Gang und fuhr langsam aus Richtung Sonne kommend (auf dem Video sah die Ente in dieser Einstellung später unwirklich drohend pechschwarz aus) auf Hausmeister Hahn zu, drehte direkt vor ihm ab, kam ein einem großen Bogen wieder auf ihn zu und stoppte dann in ein paar Metern Entfernung. Er blieb völlig unbewegt stehen und filmte die aussteigenden Kinder. Wir hatten verabredet, dass sie nur aus der hinteren rechten Tür die Ente verlassen und sich hinter ihr in einer Reihe aufstellten. Ein Kind nach dem anderen stieg nun aus, winkte kurz oder lang in die Kamera und stellte sich in Position. Auf dem Video sah es später toll aus, es kamen immer mehr und mehr Kinder aus der Ente. Die Zählung ergab Fünfundzwanzig, Wette gewonnen! Bevor es zurück in den Klassenraum ging, öffnete ich noch das Entendach und in kleinen Gruppen fuhren alle Kinder eine Ehrenrunde mit – sie standen entweder vorne neben mir oder auf den Rücksitzen. Toll, wie eine Ente schaukeln kann! Wir ließen uns den Fahrtwind kräftig um die Nasen wehen. Trotz gewonnener Wette gab es zum Abschluß Limo für alle. Logo, oder? Eine ereignisreiche Schulwoche ihr ungeahnt schönes Ende. Kinder, ich komme wieder. Danke Charly. Und irgendwo habe ich noch eine uralte Videocassette vom HR mit den Enten in Französisch-Polynesien, die nur Fliegen fressen.

Diebstahl

Die Ente ist weg

„Meine Ente ist weg!“

Die bittere Erkenntnis traf mich wie ein Schlag. Wegen des kühlen Herbstregens wollte ich nicht mit dem Fahrrad sondern im geliebten Erpel zum Markt.

„Bring bitte noch fünf Pfund Kartoffeln mit, ein Bund Möhren, ach und schau mal, ob es Spitzkohl gibt!“

Cordelias Worte im Ohr starrte ich mit offenem Mund entgeistert auf den leeren Platz, auf dem gestern Abend noch meine schöne grüne Ente stand. Mir wurde ganz schlecht.

„Du bist aber schnell zurück.“ scherzte meine Frau.

„Du, meine Ente ist weg.“

„Aus der Garage? Ich glaub es nicht!“

„Nein, ich hatte gestern Abend keine Lust mehr ...“

„Anton! Wir haben nicht umsonst zwei Garagen für unsere beiden Enten. Du bist zu faul, die da rein zu fahren und nun das!“

Hatte ich bereits darauf hingewiesen, dass meine Frau immer Recht hat? Hatte sie auch hier. Mein Erpel war weg. Und ich hatte den Schwarzen Peter. Auch zu Recht und auch wie immer.

Ich war komplett von der Rolle.

In der Not braucht man Freunde. Charly!

„Klar, Anton, dein Erpel wurde geklaut!“

„Was jetzt?“

„Mensch, Anzeige erstatten natürlich. Wir fahren zur Polizei.“

„Hattest du eigentlich die Tür abgeschlossen, das werden die wissen wollen ...“

„Nn-nnein, ich lasse die Türen doch immer auf, weil…“

„ ... und die Schlüssel steckten auch noch? Du bist ein echter Idiot, Anton.“

„Komm, du weißt doch selbst, wie schnell man ein Entendach

aufgeschnitten hat. Mir sind die Dinger zu teuer. Da lasse ich lieber die Türen auf. In Gedern beim Deutschlandtreffen berichtete einer von so einem Diebstahl. Dach aufgeschlitzt um eine billige Kaffeetasse mitgehen zu lassen. Das Werkzeug und alles andere ließen sie liegen."

Ich ereiferte mich. Dramatische Szenen spielten sich in meinem wirren Kopf ab. Enten für private Autocross missbraucht. Enten auf Hängern in Richtung wildem Osten. Gefangene Enten in arabischen Automobilharems. Auf Ententreffen hört man ja so einiges. Die Krönung war die eine von Vandalen in einem Parkhaus komplett zerstörte grüne Ente einer Saarbrückerin. Meine Ente war auch grün.

„Hilfeee!"

„Komm Anton beruhig dich, ich bring´ dich zur Wache, hol die Papiere."

Papiere? Wo waren die denn jetzt?

„Anton!"

Cordelia interpretierte meinen Ratlosigkeit sofort richtig.

„Eh, eh, ich finde sie sofort."

„Da tust du gut dran, die sind da nämlich ziemlich an Fahrgestellnummern und so interessiert. Hast du eigentlich noch TÜV?" schlaute Charliy ungefragt daher.

Die Jungs im „Bullenkloster" *O-Ton Charly!* waren sachlich und pragmatisch. Fahrzeugschein, Personalausweis, Anzeige aufnehmen, unterschreiben, fertig. Danke, Wiedersehen. Was sollten die auch sonst machen? Klar, wurde eine Beschreibung meines Erpels an alle Wagen herausgegeben. Aber dass sich sofort Hundertschaften auf spontane Entenjagd begeben würden, war eine Traumvorstellung. Wieso eigentlich?

Selbst ist der Mann! Wir teilten uns auf, Cordelia und die Kinder nahmen die gelbe Ente, Charly und ich seinen Klapperkasten. Wir teilten Suchgebiete auf und fokussierten uns auf Hinterhöfe, Werkstätten und andere verdächtig dunkle Ecken. Purer Aktionismus um sein schlechtes Gewissen zu beruhigen, aber spannend. Wenn ich so ein auffälliges Auto wie meinen hübschen grünen Erpel klauen würde, wäre ich längst über alle Berge.

Sie auch? Ein längst stillgelegtes Industriegleis führte hinter ein paar bereits vom Verfall bedrohten Werkshallen. Klinker auf Klinker und darüber ein einfaches brüchiges Stahldach, Wasserlachen auf dem Betonboden, darin heruntergefallene Stahlträger und Schutt. Verrostete Maschinenteile standen herum. Ich konnte mich nicht erinnern, was hier je produziert wurde. Langsam tuckelten wir im ehemaligen Gleisbett weiter, das bald wieder in einen gepflasterten Bereich überging, wo auch wieder Schienen lagen. *Für alle Gleisbauer: Es war eine Auflauf- bzw. „Deutschlandkurve"*. Tauben flogen auf. Nach der begleisten engen Rechtskurve erblickten wir eine Reihe recht neuer und teurer Fahrzeuge, vor allem SUV. Vor ihnen stand ein Hüne, zwei Meter hoch, zwei Meter breit, tätowierte Arme, schwarze Lederweste, seine blanke tätowierte Wampe nicht verbergend, Ringe an den Händen, Totenköpfe? Ein finsterer Blick aus seinem kahlen breiten Schädel und die knurrende Kampftöle an der kurzen Leine ließen auf keine Deeskalationsstrategie schließen.

„Was willst du?"

„Verfahren…"

Rückwärtsgang rein und mit Vollgas zurück. Da lang, wo wir hergekommen waren. Der Kerl fuchtelte mit den Armen und schwang deutlich drohend einen 98iger Maulschlüssel. Vielleicht zu spannend?

Und während ich einen Augenblick daran dachte, die Polizei zu rufen, klingelte die Wache:

„Herr Wolfpril, wir haben ihr Federvieh gefunden." scherzte ein Beamter am anderen Ende der Mobilfunkverbindung.

„Was heißt nahezu unversehrt?"

„Kommen sie gleich in Ruhe vorbei."

Man bestellt uns aufs Land, vielleicht fünf Kilometer vor die Stadt. Cordelia und die Kinder kamen fast gleichzeitig mit uns an. Von der schmalen Landstraße führte ein Feldweg in Richtung einer Baumreihe hinter der ich einen Bach vermutete. Die Laubbäume ließen bereits ihre Blätter fallen. Einige große schwarze Vögel saßen in den Ästen. Direkt vor der Baumreihe und mitten in einem abgeernteten Acker stand mein grüner Erpel bis zu den Knien im agraren Matsch. Der andauernde leichte Herbstregen weichte den Boden prima auf.

„Eine Ente vermutet man doch eher im Wasser, oder?

Wie humorvoll, Herr Kommissar.

„Wir holen einen Abschlepper."

Doch Charly war anderer Meinung. Er besichtigte erst einmal den Schaden. Außen hat die Ente anscheinend nichts mitbekommen, dafür innen.

„Die haben das Lenkradschloss zerstört und deinen Vogel kurzgeschlossen."

berichtete er, schloss ebenfalls kurz, der Erpel sprang an. Wie immer.

„Sie haben Erfahrung?"

„Jahrelang selbst Ente gewesen!"

konterte Charly finster, stieg aus, stapfte rund um den Grünen und gab seinen Befund kund.

„Den Abschlepper sollten wir uns sparen, der fährt sich hier im nassen Boden eh selber fest."

Die Vorderräder meiner Lieblingsente standen weit rechts eingeschlagen im Matsch. Charly meinte, wir könnten den Erpel mit der üblichen Schaukeltechnik herausbekommen.

„Dafür müssen wir die Ente nur etwas in die Spur bringen."

„Komm Anton!"

Wir öffneten die Heckklappe…

„Wieso ist der Kofferraum so aufgeräumt? Kenne ich ja gar nicht von dir!"

Doofmann. …und entnahmen zwei Paar Arbeitshandschuhe. Mit so geschützten Händen setzen wir beide an der hinteren Stoßstange an und lupften zum großen Erstaunen der Beamten das Heck der Ente soweit an, dass die Räder komplett frei hingen und verbrachten den Erpel alsdann in die gewünschte Geradeausstellung der Vorderräder. So.

„Und nun alle schieben!"

kommandierte Charly. Außer mir, ich durfte die Schaukel mit Motorkraft in Bewegung bringen. Charly, die Kinder, die Beamten schoben aus Leibeskräften. Cordelia verzichtete weise.

„Das wird nix!"

rief Herr Kommissar.

Denkste! Mit heulendem Boxer, durchdrehenden Reifen und dann einem Ruck kam der Erpel frei. Ich sah zu, dass ich mit dem Grünen auf Touren kam um den matschigen Acker zu verlassen. Bloß keine Geschwindigkeit verlieren! Erst vor dem Einsatzfahrzeug hielt ich auf festem Boden an. Ich hoffe, der Bauer verzeiht mir je die grob gezogene Unspur. Der Rest der Meute stapfte über den Acker hinterher, leider waren alle vom fliegenden Matsch gezeichnet. Die Herren Beamten zeigten sich wenig begeistert. Auch die von Cordelia herzlich ausgesprochene Einladung zur spontanen „Der-Erpel-ist-gerettet-Party“ lehnten sie ab. Klar, dass ich die Anzeige aufrecht hielt, auch absehbar war, dass man die Erpelentführer wohl niemals schnappen wird. Wie ich später erfuhr lebte aber die Kampftöle zwischenzeitlich im Tierheim, denn der Zwei-Meter-Hüne war zeitweise auf Staatskosten am Gassigehen gehindert.

Sunny

Sich treiben lassen

Mobiltelefone sind ein echtes Terror-Instrument: Ständige Erreichbarkeit wird verlangt, rund um die Uhr. Gepaart mit der unausgesprochenen Forderung nach sofortiger Reaktion, oft auf Sinnlosigkeiten. „Ich wollte nur sagen, erwähnen, fragen, mitteilen..." Dann halt' doch die Klappe und schick' eine Mail, verdammt. Das wäre nur halb so schlimm. Zum Glück weiß ich genau, wo sich an meinem höchst gepriesenen Produkt der Kommunikationsindustrie der Ausschalter befindet. „Ich habe mehrfach versucht, dich zu erreichen!!!" Genau. Versucht es einfach weiter, morgen. Manchmal haben diese Dinger aber auch entschiedene Vorteile. Etwa wenn es per SMS heißt:

„Herr Wolfpril, wir müssen für heute Nachmittag absagen. Es tut uns aufrichtig leid."

Mir auch. Vor allem dann, wenn ich ausnahmsweise einmal nicht mit der Bahn zu einem Termin unterwegs bin, dann ganz aufrichtig. Vorausgesetzt noch, ich bin in weiter Ferne meines Büros mit der Ente unterwegs, dann ganz, ganz aufrichtig. Das bedeutet zwar einen halben verlorenen Tag Produktivität für den Konzern, für mich aufgrund fast höherer Gewalt aber mindestens einen halben Tag frei. Also suche ich bei nächstbester Gelegenheit einen Parkplatz, fische meine Generalkarte – sorry, aber da bin ich furchtbar altmodisch – und beginne mit dem wunderbaren Ratespiel: „Wo bin ich, wo kann ich lang?" Neulich ersimmste es mich an einem schönen Spätsommertag auf dem Weg nach Fulda. „Herr Wolfpril, wir müssen für heute leider..."

Prima. Umdrehen, Parkplatz suchen und Karte raus. Doch daraus wurde diesmal nix. Kaum war ich von der Autobahn runter und auf Parkplatzsuche zuckelnd auf einer Bundesstraße unterwegs, sah ich „sie" mit Daumen raus. Blonde Wuschellocken fielen ihr bis über die Schulter. Auf der Nase eine Sonnenbrille mit kreisrunden Gläsern. Sie trug eine mit bunten Stickereien verzierte Jeansjacke, ein weißes T-Shirt und einen einfarbigen dunklen langen Rock, der ihr gut stand. Ein heller Ledergürtel umschlang ihre schmale Taille. Klassische, bereits gut verschlissene Turnschuhe an den Füßen. Sie sah aus wie ein echter Hippie. Der Tag war noch jung, ich hatte frei, meine Ente rollte direkt vor ihr aus.

„Ne Ente, wie geil ist das denn? Cool. Nimmst du mich mit?"

„Klar, aber wohin möchtest du?"

„Egal."

„Ich muss nur nach Hause, habe es aber nicht eilig."

„Ich auch nicht."

„Na dann steig ein."

Ihre Jeansjacke, das Packboard mit Schlaftüte und die Isomatte flogen auf die Rücksitzbank. Während ich das Dach öffnete, machte sie es sich neben mir bequem. Sie hatte ihre Brille abgenommen und ich blickte in kornblumenblaue Augen. Um den Hals trug sie eine Kette mit Holzperlen und eine Sonne als Medaillon. Ich schätzte sie auf so ungefähr halb so jung wie ich, mindestens, oder noch weniger als halb. Holla. Verdammt hübsch. Ich sammelte mich und wir rollten los. Sonne und Wind spielten durch das Dach hinein, ihre Locken leuchteten. Himmel, Anton beherrsch Dich!

„Hast du Hunger?"

Sie zuckte mit den Schultern.

„Ich kann auf jeden Fall einen Kaffee gebrauchen."

Von der Bundesstraße aus konnte man in der Ferne ein Dorf sehen. Dorthin lenkte ich die Ente. Wir fanden ein fröhliches Straßencafé und genossen nahezu schweigend Eis und Kaffee. Und ich die auf meine sich sonnende Begleiterin gerichteten Blicke der Söhne lokaler Agrarökonomen. Eine Unterhaltung mit ihr kam erst wieder in der Ente zustande.

„Ich habe keine Lust direkt wieder auf die Autobahn zu fahren."

„Dann fahr doch da lang wo du lang möchtest?"

Weiß man eigentlich immer wo man lang möchte? Welchen Weg man einschlagen soll? Zu welchem Ziel? Sie schien meine Gedanken zu lesen.

„Fahr einfach der Sonne nach."

„Der Sonne nach?"

„Ja klar, sie scheint für dich, folge ihr einfach. Lass uns einfach dahin treiben."

Also folgten wir der Sonne. Ich fuhr und sie sagte wo die Sonne stand. Zuerst ging es raus aus dem Dorf, bald nach links auf die Landstraße. Ihr folgten wir ein paar Kilometer. Dann mal nach links, mal nach rechts. Ich habe heute noch keine Ahnung, wo wir waren, sicher ist nur: Es war irgendwo am Main. Wir wechselten immer der Sonne hinterher die Sträßchen, fuhren durch Dörfer und genossen die Landluft. Bis wir auf einem Wirtschaftsweg landeten, dessen Asphaltierung in Naturbelassenheit überging und sich anschließend in drei Richtungen auffächerte.

„Die Sonne steht da."

Wir folgten dem rechten Abzweig und rollten durch Felder, bis wir auf ein Wäldchen stießen. Dort endete die Piste auf einer Wiese an deren Rand passenderweise ein Flüsschen plätscherte.

„Klasse! Hier bleiben wir! Ich habe eine Decke dabei."

Motor aus, Decke raus und auf der Wiese ausgebreitet. Und schon lagen wir auf unseren Rücken und blinzelten in die Sonne, der wir seit geraumer Zeit gefolgt waren.

„Hier ist kein Mensch."

flüsterte sie.

„Ja. Hier kann man richtig seine Seele baumeln und sich fallen lassen."

„Treiben und sich fallen lassen."

Ich drehte mich zu ihr um und blickte sie an. Da lag sie. Lang ausgestreckt, ihr Atem gleichmäßig. Sie schien sich wohl zu fühlen. Ihren Kopf zu mir drehend lächelte sie mich an. Dann lachte sie laut auf, zog ihre Schuhe aus und streifte ihren Rock ab um dann schnurrgerade über die Wiese ins Wasser des kleinen Flüsschens zu laufen. Alle väterlichen Instinkte wie „pass auf", „rutsch nicht aus", „pass auf Scherben auf" schwiegen. Ich genoss es einfach. Auch ich zog mein Hemd aus, denn langsam war auch mir warm, sehr warm. Sie kam aufgeregt zurück gehüpft.

„Ist das schön hier. Man hört keinen Lärm, nur Vögel, das Wasser plätschern, die Blätter rauschen, Insekten summen."

„Und bald können wir das Gras wachsen hören."

„Hey Mann."

„Nein, im Ernst. Ich liebe es, so mitten in der Natur zu sein. Glaubst du mir, dass ich mich auf eine Wiese setzen, und mich dann nachdem aller Alltag von mir abgefallen ist, mit einem Käfer unterhalten kann, der auf einen Grashalm geklettert ist?"

„Du bist schon ein komischer Typ, oder? Aber ich es glaube dir. Was machen komische Typen wie du denn so? Nach Manager siehst du nicht aus. Und angemacht hast du mich bisher auch nicht. Stimmt irgendwas nicht mit dir?"

„Verheiratet. Zwei Kinder. Du bist zwar jede Sünde wert, aber ich liebe meine Familie. Und von Beruf bin ich Eisenbahner."

„Eisenbahner? Bist du Lokomotivführer?"

„Nein, ich bin Großkundenberater Personenverkehr bei der DB. Das ist zwar nicht immer prickelnd, doch manchmal ist es sogar richtig spannend bei der DB. Sonst könnte ich das auch nicht aushalten. Nur Frau Schröder aus der Personalabteilung ist ein Drachen."

„So, so, Frau Schröder aus der Personalabteilung. Klingt spannend bei der Eisenbahn."

Gelächter.

„Und du?"

„Damit du es weißt, Typen können mich. Dem letzten könnte ich immer noch in den Hintern treten. Rakete rein und ab."

„Dann also eher Frauen?"

„Neeeiiin. Ich will frei sein. Erst einmal frei von allem."

„Von was denn noch?"

„Eltern."

„?"

„Du quälst. Nach Abi und BWL-Studium rein in den Betrieb meiner Eltern? Ich habe jetzt nach vier Semestern geschmissen. Vor ein paar Tagen erst. Riesen Krach zu Hause. Meine Eltern haben praktisch nur Zahlen im Kopf. Ich musste da raus. Einfach gehen, einfach abhauen."

„Was ist dein Plan?"

„Plan? Bist du auch Betriebswirt? Ich will ans Meer und in die Sonne. Mehr nicht. Und dahin lasse ich mich treiben, egal wie, egal wo lang, egal wie lange. Hauptsache weg von allem. Ich bin meinen Eltern noch nicht einmal böse. Sie sind so wie sie sind. Ich will aber noch frei sein. Ich suche etwas anderes."

„Was suchst du denn?"

„Klassiker: Das werde ich wissen, wenn ich es gefunden habe.

Bis dahin lasse ich mich treiben. "

Sie strahlte mich an. Ich wagte keinen Kommentar. Vor meinem inneren Auge sah ich meine kleine Tochter. Wie wird sie irgendwann ihre Zukunft gestalten? Wir lagen noch etwas da. Jeder hing seinen Gedanken nach. Die Sonne sank langsam am westlichen Horizont.

„Ich glaube, wir müssen los."

„Du würdest es sagen, ich wusste es, aber du musst weiter, nicht? Ich könnte noch hier bleiben."

„Hier kommst du aber schlecht weg. Besser du fährst noch ein Stück mit."

Wir zogen uns schweigend an, schnappten die Decke und trollten uns etwas wehmütig zur Ente. Bald rollten wir wieder, blaue Schilder wiesen zur Autobahn. Noch eine Rast im Autohof, eine Kleinigkeit essen im Sonnenuntergang. Zeit, Abschied zu nehmen. Ich wies auf einen langen Auflieger mit einem Nummernschild der Hansestadt Rostock.

„Viel zu kalt, du spinnst wohl! Lieber den da, ein Italiener."

Er fuhr nach Verona. Von dort aus ist es nicht mehr weit ans Meer. Und er würde sie mitnehmen, klar.

„Vertraust du ihm?"

„Nicht, wie ich dir vertraue."

„Ich habe von dir gelernt."

„Sich treiben lassen?"

„In die Freiheit und der Sonne folgen."

Wir umarmten und küssten uns zum Abschied sanft. Das war unsere einzige Berührung.

In meiner Erinnerung nenne ich sie Sunny.

Zauberente

In drei Akten

1. Akt

An diesem schönen sonnigen Freitagnachmittag kam ich voller Freude auf ein ruhiges Wochenende früher als geplant nach Hause und spürte – noch den Haustürschlüssel in der Hand – da stimmte etwas nicht. Überhaupt nicht. Schwarze Gewitterwolken hingen unter der Wohnzimmerdecke. Kaum hatte ich die Wohnung betreten, witterte ich im Flur den brenzligen Geruch eingeschlagener Blitze.

Cordelia begrüßte mich finsteren Blickes:

„Was machst du denn schon hier?"

Zeus war eindeutig weiblich.

„Was ist denn hier los?"

Selten sah ich meine Frau so erzürnt.

„Dein oberbockiger Sohn hat wieder seine Hausaufgaben verschlampt!"

Und die Kleine petzte naseweis hinterher:

„Mama hat ihm Stubenarrest gegeben, bis er die Geschichte fertig hat."

„Du hältst dich raus!" wurde sie auch prompt von meiner Aphrodite zurechtgewiesen. Die Göttin blickte mich ratlos an.

„Was kann ich tun?"

„Er soll seit einer Woche eine Geschichteschreiben und hat bis Montag Zeit. Seiner Meinung nach machen Jungs Mathematik und Fußball und mit Sprache haben sie nix am Hut."

„Er hat richtig rumgeschrien, als Mama wollte, dass er endlich seine Hausaufgaben macht."

„Du sollst dich nicht einmischen, Liebling – aber es stimmt. Er hat sich total aufgeregt und sich in eine umögliche Situation gebracht, aus seinem Zimmer kommt er so schnell nicht mehr."

Und mit ihren Blicken auf mich gerichtet:

„Hilf du ihm. Bitte."

„Hm, ich schau, was sich machen lässt."

Ich legte Hut und Mantel ab, wusch mir die Hände und machte mich hausfein. Dabei kam mir ein Gedanke. In der Küche machte ich zwei große Becher heißer Schokolade, einen für meinen Sohn und einen mit Chili für mich. Neidvolle Blicke seiner kleinen Schwester folgten, als ich mich der berüchtigten Pumahöhle zuwandte. Mit einem Auge sah ich eine lächelnde Gattin, die der Küche und wohl zwei weiteren heißen Bechern Schokolade zustrebte. Vor der verschlossenen Tür hielt ich kurz inne und klopfte an. Irgendetwas Gebrummtes bedeutete wohl „Herein".

Vorsichtig betrat ich die Kemenate des Nachwuchses; betrat ist schon das richtige Wort, denn man musste zwischen Märklin, Klamotten, Büchern (immerhin!) und unvermeidlichen 2CV-Modelautos trittsicher sein. Aufräumen war das zweite Problem des jungen Mannes. Noch heute spricht er sein Lieblingswort mit folgender Betonung aus:

„OrTnunCK".

Ziemlich geknickt saß der Ordnungsliebhaber inmitten seines materiellen Chaos´ am Schülerschreibtisch, den ein einsamer leerer weißer Block zierte. Ich versuchte es mit einer probaten öffnenden Frage:

"Und?"

Sein Blick senkte sich. Ich ließ ihm Zeit, hatte ich doch noch einen Trumpf in der Hand: Seine heißgeliebte Schokolade, die er sogar im Hochsommer trank. Langsam stotterte er ein paar Worte.

„Ja, Mama hat Recht."

Da er die Ansprüche in unserer Familie an den Umgang miteinander sehr wohl kennt, ergänzte er schnell:

„Und ich werde mich auch entschuldigen!"

„Na prima!"

Der Becher ohne Chili wechselte den Besitzer. Ich ließ einen unserer Bürosprüche los:

„Und wie bekommen wir jetzt die Kuh vom Eis?"

„WAS?"

„Je nun, das da mit deiner Geschichte."

Er schlürfte etwas Schokolade und spie in ein wieselflink herbeigezaubertes Taschentuch. Becherverwechslung, Mist. Aus tränennassen Augen schaute er mich an und fragte:

„Papa, warum trinkst du das?"

„Schokolade mit Chili war das Göttergetränk der Azteken damals. Sie lebten im heutigen Mexiko."

Dass sie dem göttlichen Getränk auch eine aphrodisierende Wirkung zuschoben, erwähnte ich nicht, dies geht nur meine Aphrodite und mich was an. So langsam erholte er sich vom scharfen Schrecken und blickte mich eine stumme Bitte formulierend an.

„Was ist denn nun mit dieser Geschichte?"

„Wir sollen eine möglichst spannende Geschichte schreiben, bis Montag!"

„Und seit wann hast du die Aufgabe?"

„Seit Montag."

Weil er schon sehr leise wurde, wollte ich nicht weiter darauf rumhacken.

„Wo ist denn jetzt dein Problem?"

„Mir fällt nichts ein!"

Hm, das ging mir früher auch nicht anders. Gedankenverloren kickte ich auf dem Zimmerboden einen der Miniatur-2CV an, der rollte direkt auf meinen Sohn zu.

„Du meinst irgendetwas mit einer Ente?"

Ich zuckte die Schultern.

„Das ist deine Geschichte, das musst du wissen."

„Wie soll ich eine spannende Geschichte über eine Ente schreiben?"

„Herrje, guter Rat teuer, hm, überleg mal, was kann eine Ente? Ich meine die richtige."

„Verstehe ich nicht."

„Nun, sie kann Laufen, Fliegen und Schwimmen. Und sie schmeckt gut!"

„Papa!"

Gedankenpause. Da entwickelte sich was.

„Und sie kann tauchen!"

„Na siehst du."

„Ja, wie soll ich das denn jetzt machen?"

„Stimmt, gar nicht so einfach. Ich würde erstmal aufschreiben, wie ich mir die Geschichte vorstelle. Da kann man immer wieder was hinzufügen. Zum Schluss würde ich alles runterschreiben."

Er schaute mich erwartungsvoll an, ich fuhr fort:

„Ja, einfach einmal komplett runterschreiben. Ohne auf Tippfehler oder Kommas zu achten. So kannst du dich besser auf die Geschichte konzentrieren."

„Dann bekomme ich wieder eine Fünf!"

„Nein, denn zuletzt schreibst du deine Geschichte ganz sauber und ohne Fehler in dein Heft ab."

Er blickte mich entsetzt an:

„Drei Mal schreiben?“

„Jau, wer ein Gut schreiben will muss gut schreiben. Übrigens, im Büro mache ich das nicht anders.“

„Echt?“

„Klar. Und bei wichtigen Sachen schaut noch eine Kollegin drüber und entdeckt immer die letzten Fehlerchen. Richtige Schriftsteller machen das auch so. Die haben extra Leute, die ihre Bücher lesen. Die nennt man Lektoren.“

„Uff, ich wusste nicht, dass das so schwer ist. Hilfst du mir?“

„Du meinst, ich soll bei einem jungen Schriftsteller das Lektorat übernehmen? – Na klar, gern.“

„Krass cool! Meinst du eigentlich, dass ich immer noch Stubenarrest habe?“

„Klär das bitte direkt mit deiner Mutter. Erklär ihr, was du jetzt vor hast. Und dass du bis Sonntagmittag fertig bist. OK?“

Gemacht getan. Er entschuldigte sich wortreich bei Cordelia und erklärte, wie er jetzt zu seiner Geschichte käme.

„Und über was wirst du schreiben?“

„Über eine verzauberte Ente.“

Die Kleine, die neugierig alles mitbekommen hatte:

„Eine Zauberente muss aber glitzern!“

Zwanzig, dreißig Minuten später warf ich einen Blick in die Pumahöhle. Der Puma saß mit hochrotem Kopf am Schreibtisch und schrieb. Links und rechts neben ihm lagen jede Menge angefangene Texte auf dem Boden. Ich musste lachen. Wütend fragte er:

„Warum lachst du?“

„Stimmt, das war unfair. Aber ich musste an Alexandre Dumas denken.“

„Wer ist das denn?“

„Ein französischer Schriftsteller. Er schrieb „Die drei Musketiere“. Kannst Du dich noch an D´Artagnan erinnern? Dumas schrieb oft gleichzeitig an vielen Projekten und das auf verschieden farbigem Papier. Eine Farbe für seine Bücher, eine für Zeitungstexte, eine für Briefe an seine zahlreichen Geliebten. Das soll er dann einfach hinter sich auf den Boden geworfen haben. Ein einziges Durcheinander. Seine Angestellten mussten dann alles entsprechend zuordnen und manchmal sogar ergänzen.“

Das alles schien meinen Jungen weniger zu interessieren ...

„Papa, ich weiß nicht wie ich anfangen soll!“

„Ich habe mal gelesen: Wer Spannung aufbauen möchte, sollte gleich mit einem spannenden Satz beginnen. Und das spannendste sind Konflikte. Was meinst du, was ist spannender? `Die Ente schwimmt zwischen Seerosen auf dem Teich und gründelt.´ Oder vielleicht so? `Misstrauisch beäugt der Erpel die sich nähernde Hundemeute.´“

Ich konnte förmlich sehen, wie sich in den Gehirnwindungen meines Sohnes die Gedanken überschlugen. Das nächste Blatt flatterte zu Boden. Ich ließ ich ihn jetzt besser in Ruhe schreiben.

2. Akt

Die Zauberente

Seitdem sie in der Sparkasse waren, wurden sie verfolgt. Was wollen die? Nico rutschte auf seinem Sitz hin und her. Das große schwarze Auto kam näher, Nico sah das im Rückspiegel. Aufgeregt guckte er seinen Vater an. Warum blieb der so ruhig? Der bremste plötzlich ganz stark und bog so schnell rechts ab, dass die Reifen quietschten. Das schwarze Auto folgte ihnen immer noch. Die folgen uns und wollen unser Geld. Dabei waren das nur ein paar Euro für sein Fahrrad. Das war nämlich kaputt und sollte zum Geburtstag repariert sein. Das schwarze Auto hupte. Nico sah zwei Kerle mit schwarzen Sonnenbrillen. Doch Nicos Vater konnte nicht schnell wegfahren. Sie fuhren nämlich in einer lahmen Ente. Nico mochte die Ente seines Vaters nicht und jetzt noch viel weniger. Jetzt rumpelte das schwarze Auto an der Stoßstange. Plötzlich lenkte Nicos Vater stark nach rechts um dann sofort über die Kreuzung zu jagen und links abzubiegen. Die Reifen heulten schon wieder. Doch das große schwarze Auto konnte ihnen folgen und holte auch schon wieder auf.

„Jetzt reicht es mir! Mach Fenster und Luftklappe zu!"

Nico beeilte sich. Er blickte wieder nach vorne und erschreckte sich. Sie fuhren voll auf einen Fluss zu! Das knallte richtig, als sie mit der Ente ins Wasser fuhren. Danach war es still. Nico hörte, wie Wellen an den Türen plätscherten. Nicos Vater drehte an zwei Hebeln, der Motor sprang wieder an und die Ente schaukelte über den Fluss. „Meine Ente kann nämlich schwimmen!" rief er. Doch Nico sah, wie sich die beiden Männer mit den Sonnenbrillen ein Boot schnappten und der Ente folgten. „Ha, ha, – und Tauchen!" rief Nicos Vater, „Ich habe nämlich eine Zauberente!" Er zog an einem dritten Hebel und die Ente tauchte mit der Haube zuerst hinab. Das Wasser war nicht so klar. Die Scheinwerfer der Ente leuchteten bald den Grund des Flusses an, dann standen sie auf dem Boden! Nicos Vater schaltete lässig das Licht der Innenbeleuchtung an. „Lass uns erst einmal die Butterbrote essen, dann sehen wir weiter." sagte Nicos Vater. Während Nico und Vater die Brote aßen schauten ihnen ein paar Fische verwundert zu und öffneten und schlossen ihre Münder, als wenn sie gerne was abhaben wollten. Eine Ente die tauchen kann? Krass cool!

3. Akt

„Wolfpril!?"

„Guten Abend Herr Wolfpril, Sabine Dahmen, die Lehrerin Ihres Sohnes."

„Überraschung! Hallo Frau Dahmen."

„Hätten Sie einen Augenblick Zeit?"

„Ja, klar gerne."

„Ihr Sohn hat seine erste ZweiPlus bekommen, aber Sie haben ihm tüchtig geholfen, nicht wahr, denn es waren keine Fehler im Text?"

„Nun ja, dafür sind Eltern da, ich kann Ihnen aber versichern, dass die Geschichte von ihm selber ist."

„Und ziemlich sauber war der Text auch."

sie ließ die Worte etwas im Raum stehen, wie man so sagt,

„Das will ich hoffen, er hat ihn mindestens vier Mal geschrieben!" Dann erzählte ich von den Lektoren und Dumas.

„Finden Sie nicht, dass Ihr Sohn für Dumas´ amourösen Verstrickungen noch zu jung ist?"

Ich verkniff mir zu antworten, dass man damit nie früh genug anfangen kñnne und ließ die Frage unbeantwortet im Raum stehen.

„Herr Wolfpril, ich frage ganz direkt: Können Sie sich vorstellen, so zwei, drei Mal nachmittags in unserer OGS etwas mit den Kindern zum Geschichten schreiben zu machen? Im Herbst haben wir eine Projektwoche, die wäre ideal!"

Widerstrebend sagte ich zu. Da hatte ich den Salat. Die Enten meines Sohnes hätten doch besser gegründelt und wären nach drei Sätzen schnellstmöglich literarisch verstorben. Doch heimlich freute ich mich schon auf diese Projektwoche.

Die ist aber auch echt hübsch, diese Frau Dahmen.

Kurzgeschichten

Sophie, Anke, Karl und Karla

Sophie

Die aus Lille stammende sehr sympathische Sophie wollte ihre Ente abgeben.

Auf meine Frage am Telefon: „Warum möchtest du die Ente verkaufen, wenn sie doch noch so gut ist?"

Kam die Antwort mit einem zum Niederknien schönen französischen Akzent: „Es ist schön schlescht, wenn man güt aussieht ünd doch niescht gebaucht würd!"

Anke

Sie blieb einmal wegen Auspuffschadens knapp vor zu Hause liegen. Anke stoppte in einer Bushaltestelle und baute ihr Warndreieck auf. Zu ihrer großen Verwunderung drehte ein Mercedes mühselig um und kam zu ihr zurück. An Bord ein etwas älteres Ehepaar. Der Fahrer entsprang seinem KFZ und fragte aufgeregt, ob er denn helfen könne. Immer noch verwundert bejahte Anke. Da platze es aus ihm raus. Vor vielen Jahren fuhr auch er mal eine richtige Ente von Citroën und blieb mit ihr liegen. Damals half ihm ein Mercedesfahrer, ohne viele Umstände zu machen. Das konnte er nie vergessen. Und seit dem er selber einen Benz steuerte, hoffte er immer auf eine liegen gebliebene Ente, um das weiter zu geben, was er selber an Hilfe erfuhr. Seine Frau bestätigte es lächelnd, denn er sprach dauernd davon. Seine Entenzeit hätte er wohl nie vergessen. Er dürfe helfen, sich aber nur nicht dreckig machen. Der ungeübte Helfer legte sich unter die Ente, befestigte irgendwie den desertierten Auspuff und wollte Anke noch nach Hause begleiten. Doch das war nicht mehr nötig, der Auspuff hielt. Die beiden verabschiedeten sich herzlich.

Wehe Anke, du fährst bald Mercedes!

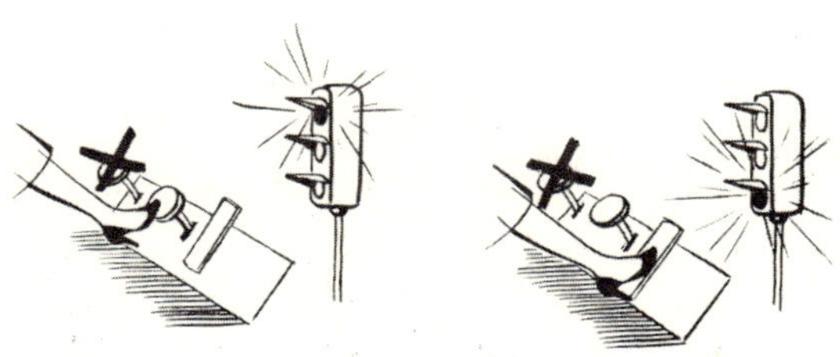

Karl & Karla

Karl und Karla plus Hund Karlchen fuhren immer Ente. Auch nach Südfrankreich. Immer. Sie wohnten in einer kleinen Fachwerkbutze ganz in unserer Nähe, später zogen sie sogar in unser Haus mit ein. Damals war mein Bruder so sechzehn oder siebzehn Jahre alt, glaube ich. Karl, malender Künstler, Beuys-Schüler und eben Entenfahrer. Er erzählte beim Rotwein leutselig aus seinen „alten Zeiten", wo man Enten mit mehreren Personen hinten anhob und nachts durch die Straßen schob. War bei ganz alten Enten mit Fliehkraftkupplung die Handbremse nicht gezogen, konnte man gleich „loslegen". Bei neueren und den Kastenenten, dozierte Karl, musste man wenigstens noch die unverschlossene Motorhaube von leichter Hand öffnen, um den Gang heraus zu ziehen. Kein Problem also. Zumindest nicht für drei Jungs vom Schlage meines Bruders bei Karls schöner AK 400-Kastenente. Am nächsten Morgen suchte Karl seinen Kasten.*

* Und war selbst im Januar 2020 alles andere als begeistert, als er den Hintergrund zu der alten Geschichte zum ersten Mal in seinem Leben hörte ...

Nach Hause!

Ein gestresster Familienvater will nur noch heim.

Diesmal hatte mein Chef eine ganz seltene Ausnahme gestattet: Zu einem Termin durfte ich nicht wie üblich mit der Bahn oder einem Leihwagen aus dem DB-Fuhrparkmanagement, sondern hatte die praktisch offizielle Erlaubnis, das eigene Auto, sprich die Ente zu nehmen. Einfacher: Mir wurde gestattet, die Kosten für die Reise im eigenen Auto später einzureichen. Vor Ort hatte ich es mit dem fulminant umfangreichen, breitköpfigen und circa sechzigjährigen, geschäftsführenden Gesellschafter eines großen Nahrungsmittelherstellers in der Gegend von Much, östlich von Köln zu tun. Vom Typ her rustikaler Agrarökonom, Großbauer und Viehzüchter. Er trug diese hässlichen, grünen fast militärischen Klamotten und eine landserähnliche Kappe. Diese „Bergmützen" finde ich absolut entsetzlich und sie erinnern mich an Schreckliches aus dem Geschichtsunterricht. Meine Laune flog in den Keller, denn mit wutentbranntem, knallrot angelaufenem Gesicht erwartete er mich und begann sofort zu schnauben. Weiß der Teufel, warum er sich selbst um die Reklamation des recht großen Betriebes kümmern musste, normalerweise habe ich es mit gescheiten Sachbearbeitern zu tun. Herr Bergmütze brüllte, es war von Defiziten und Steuergeldern die Rede. Dann wurde ihm noch bewusst, dass „der Herr von der Bundesbahn" *wir heißen in Wirklichkeit schon seit 1994 Deutsche Bahn AG* Ente fuhr. War bis dahin das Gespräch stramm in Richtung Eskalation verlaufen, gab es nun einen Schwenk, denn Herr Bergmütze hatte „sowas" früher auch mal gefahren und eine Diskussion über Enten begann. Das eigentliche Thema wurde noch während des Gespräches telefonisch an einen gescheiten Sachbearbeiter mit den Worten „Wunderwald, Sie arbeiten das ab!" delegiert. Anton löst auch den schwierigsten Fall!

Auf dem Besucherparkplatz der Lebensmittelfabrik noch ein kurzer Blick auf die Generalkarte und völlig selbstzufrieden tuckerte ich langsam und genießerisch zurück. Immer rauf und runter durch das grüne Land an Rhein und Sieg, bis mir fast der Sprit ausging. Nach der Erfahrung in der Bretagne im letzten Sommer werde ich in solchen Situationen fast neurotisch. In einem kleinen Dörfchen gab es eine winzige „Freie Tankstelle“. Sie warb sogar mit Bedienung. Durch die knarrende Tür des Kassenhäuschens schlurfte ein gebeugter älterer Mann heran, dessen langes weißes Haupthaar weit über seine Schultern fiel. Auf dem Kopf trug er eine große pechschwarze Baseballkappe mit in Gold eingestickter Aufschrift, von der ich meinte noch „Devi.“ entziffern zu können. Bestimmt so eine Harleymütze. Bitteschön, seine Beine endeten in Motorradstiefeln. Ansonsten trug er schwarze Nietenhosen, ein tiefgraues Hemd und ein undefinierbares Metallamulett. Wohl was Keltisches. Als er endlich bei mir ankam, hob er so ruckartig seinen Kopf, dass ich mich richtig erschrak. Dann erschreckte ich mich noch mal, als ich ihm in sein Gesicht sah. Tief in grauen faltigen Höhlen lagen die wirklich schwärzesten Augen, in die ich jemals geblickt habe. Seine Gesichtshaut war eine farblose Mischung aus durchsichtig und aschfahl. Gruselig. Einfach gruselig.

„Super? Volltanken?“
fragte er mit verächtlichem Lächeln. Wenigstens krähte er nicht wie eine Märchenhexe, seine Stimme war eher dunkel und angenehm. Etwas frech überspielte ich mein Gruseln und erwiderte keck:

“Ja, aber den schnellsten Sprit, den Sie haben, bitte!“

Er blickte mich grimmig an, zögert, griff zur Säule ohne Aufschrift. An der anderen, da wo ich parkte, stand „Benzin“. Ich schnupperte vorsichtshalber, aber es roch wirklich nach Benzin und nicht nach irgendeinem Renndiesel für tiefergelegte Traktoren. Von der Tankerei befreit rollte ich Richtung Autobahn. Kurz auf der Bundesstraße und schwuppdiwupp erreichte ich die A3. Fröhlich pfeifend trat ich aufs Gas, ab nach Hause, heim zu Weib und Kindern. Nach den ersten Hängen gab es kein Hängen und Würgen mehr, der schöne Erpel holte Schwung und an Lkws und kriechenden Wohnwagen flogen wir nur so vorbei. Wir hatten wohl Rückenwind, denn das Maschinchen brachte uns auf über Hundertzwanzig. Da es mir bei „hohen Geschwindigkeiten“ zu sehr zieht, hatte ich das Dach geschlossen, aber die Lüftungsklappe geöffnet; für ganz dicht war es noch zu warm, obwohl es schon Ende Oktober war, doch der Herbst zeigte sich sonnig und schön. Bergauf überholte ich einen belgischen Tanklaster, der júst als ich in Höhe des Führerhauses war, richtig Gas gab und mich nicht aus seinem Abwind lassen wollte. Saukerl! Dabei hatten wir bereits weit über Hundert drauf, dieser Leichtsinnige! Immerhin war ich am nächsten Gefälle weg. Gleich musste er vom Gas runter, freute ich mich: Vor uns nahte die Stelle mit den fest installierten und permanent arbeitenden Radarkontrollen des Elzer Berges. Da erinnerte ich mich an eine Geschichte, die ich vor langer Zeit mal las. Als Radarbilder noch von hinten „geschossen“ wurden, wollte es ein Hobbyraser mal allen zeigen. Er klebte seine Kennzeichen zu und raste mit Höchstgeschwindigkeit durch alle Kontrollen. Den Führerschein wurde er dennoch los, weil auf der Hutablage direkt neben dem Wackeldackel ein selbstgenähtes Kissen mit aufgesticktem Kennzeichen lag. Das schöne Geschenk seiner liebenden Gattin!

In der Ferne sah ich rotumrandet bereits „100“ leuchten, rechts daneben einmal die „40“ für LKW, Gespanne und Tanklaster. Steif hielt ich meine hundertfünfundzwanzig bis vor das Schild und ging dann vom Gas. Doch der Erpel flog weiter! Mist, klemmt der Gaszug schon wieder? Das war schon mal, wenn wir lange unterwegs waren. Ein paar mal kurz aufs Pedal half immer. Heute nicht. Wir schnellten am ersten Schild vorbei. FLASH: Grell und hell wurden eine rasende Ente und ihr schimpfender Fahrer fotografisch dokumentiert. Teure Spendenquittung, dafür mit Foto. Verflixt noch mal, jetzt geht es bergab! Die Tachonadel tauchte bereits in den nicht mehr lesbaren Bereich des Tachometers ab. Wir fuhren jenseits der Hundertdreißig. Auf die Kupplung! Doch der Motor schrie dermaßen laut auf, dass ich Angst hatte, er würde mir sofort um die Ohren fliegen. Mit ordentlichem Satz nach vorne wieder eingekuppelt. Bremsen! Gute Idee! Doch kein Platz auf der rechten Spur. Zwischen zwei Trucks hindurch, die mit Presslufthörnern energisch laut protestierten und noch ihren Enkeln von dem Wahnsinnigen in seiner Ente erzählen werden. Auf dem Standstreifen in die Eisen, doch mit lautem Knall zerfetzte irgendetwas: Ich trat das Bremspedal locker und bequem bis zum Boden durch. Heiliger Bimbam! Der Fahrtwind heulte weiter und zerrte an meiner Ente, wir mussten mindestens Hundertvierzig drauf haben, jedenfalls fühlte es sich so an. Das Dach war vom Luftdruck durch die offene Lüfterklappe aufgebläht und vor uns auf dem Standstreifen stand ein defekter LKW. Mit einem Satz kreuzte ich die Spuren, LKW und PKW blinkten, ein weiterer greller amtlicher FLASH garantierte langen Schriftverkehr. Schweiß auf meiner Stirn. Vor mir trottelten Autos und Laster gemütlich bergab und es gab nur eine Lösung: Mittendurch! Zum bleichen Entsetzen aller nahm ich den linken Streifen und hoffte auf das Beste. In diesem Augenblick sagte es laut „Ratsch", der Luftdruck fetzte die Heckscheibe auf dem Asphalt, dort in tausend kleine Scherben zerberstend. Hiiilfeee!!! Ich zog das bisschen Handbremse, doch im Rückspiegel konnte ich sehen, dass dies lediglich für Qualmentwicklung sorgte. Ein Polizeiwagen raste aus gut getarntem Versteck am Waldrand auf die Bahn, alle Lampen an. Na Klasse, die Freunde und Helfer kommen, da kann ja nichts mehr schief gehen. Konzentrieren! Vor mir gondelten zwei dicke fette Limousinen aus sternenharter Produktion friedlich nebeneinander her. Ich zitterte am ganzen Leib. Da musste ich durch! Ausgerechnet jetzt zogen die Karren näher zusammen, das bremste mich zwar etwas ab, kostete aber beide vordere Kotflügel, die vom nachfolgenden Verkehr sofort plattgewalzt wurden. Ich werde den Anblick im Rückspiegel nie vergessen. Durch die desertiereden Kotflügel waren die schönen runden Scheinwerfer beschädigt, d.h. einer war vom Träger gebrochen und hing wild pendelt im Fahrtwind nach unten. Als wenn einer „Hände hoch" gerufen hätte, stellten sich die Dreieckbleche nach oben und waren auch bald weg. Die linke der beiden Limos bremste vor Schreck zu heftig und landete in der Leitplanke. Die Freunde und Helfer hinter mir signalisierten „STOP!"

Super Jungs! Das alles nahm ich wie in einem Zeitlupenfilm auf, während mein geliebter Erpel zu Tal donnerte. Verflucht noch mal! Verflucht? Ich spürte intuitiv, dass das alles etwas mit dem Typen an der Tankstelle zu tun hatte. Meine Ente war verflucht! Mir wurde eiskalt. Schauer fuhren meinen Rücken rauf und runter, ich schüttelte mich, die Ente raste immer schneller an allem möglichen vorbei, der Wind brüllte wie ein Orkan, der Motor kreischte und auch der rechte Außenspiegel verschwand im Nichts. Rettung, gleich ist es geschafft, da kommt schon das Ende des Gefälles! Genau dort zog jetzt ein LKW raus um seinen Vordermann zu überholen. Nur noch Sekunden und ich würde draufknallen. Jetzt riß die Motorhaube aus ihrer Verankerung, schnellte hoch, knallte gegen die Windschutzscheibe und nahm mir die Sicht. Glassplitter flogen um mich herum, ein kurzer Schrei noch.

Dann alles dunkel.

Stille.

„Aaanton!“

So langsam kam ich wieder zu Atem und beruhigte mich. Cordelia sah mich mit kreidebleichem Gesicht an, ihre Hand auf meiner Schulter, ich auf der Wohnzimmercouch, auf der ich eingenickt war. Mit herrlich fratzig ausgehöhlten Kürbissen in ihren Händen und als Gespenster verkleidet standen die Kinder vor Schreck noch zitternd an der Wohnzimmerwand, die Kürbiskerzen flackerten im Takt, meine Tochter weinte und mein Sohn starrte mich mit sperrangelweit geöffneten Mund an. Sie wollten mich erschrecken, jetzt war es genau umgekehrt. Ich bin ihnen nur ein paar Sekunden zuvor gekommen. „Happy Halloween“, grüßte ich trocken und fiel wieder in meine Kissen.

Ente trifft Erpel

Eine Liebeserklärung

„Du hast genau eine Stunde Zeit!“

Mit dem scharfen Käsemesser bohrte sie ein kleines Loch in die hölzerne Käseplatte. Zerstörung von Haushaltsgegenständen war und ist ein deutliches Zeichen. Sie meinte das ernst, verdammt ernst. Und dummer Weise kam noch hinzu, sie hatte auch noch Recht. Wie immer. Verdammt.

„Anton, so geht das nicht.“

„---.“

„Da kannst du dich jetzt nicht wieder rausziehen!“

Meine sonst so liebenswerte Gattin schaute mich aus ihren sonst so wunderschön strahlenden Augen sehr bedrohlich an. Ihre Augen waren eisgrau wie Kieselsteine. Strähnen ihrer schönen langen immer noch schwarzen Haare fielen ihr ins Gesicht und suggerierten Boshaftigkeit. Sie kann gar nicht boshaft sein. Aber gefährlich! Und rausziehen konnte ich mich auch nicht; daran war mein Vater schuld, dieser Schuft. Er reklamierte an diesem Wochenende mit seinem herrlichen Feiertag seine beiden Enkel, also meine Kinder. Zusammen wollten sie irgendwohin, der Nachwuchs begeistert, was willste machen? Genau, auf Sonne, Buch und Liegestuhl freuen, doch weit gefehlt, denn eine Komponente hatte ich bei der wonnigen Planung ausgeblendet, komplett ausgeblendet.

„Ich gönne dir, dass du so gerne auf Tour bist, es war bestimmt super im Bayrischen Wald, aber bitte, ich bin auch noch da.“

Fürwahr.

„Ich möchte auch mal schön alleine mit dir zusammen sein.“

Das hat ja auch so seine Reize, aber...

„Du hast jetzt genau 55 Minuten übrigens!“

Sie hielt das Messer wieder in ihrer Hand. Sie kann nicht nur gefährlich sein, sie ist auch noch ein raffiniertes hinterlistiges Biest. Weiß sie doch, wie gerne ich über Karten schnüffel und Reiserouten austüfftel. Die mir gestellte Aufgabe war: Keine (!) zwei Stunden Fahrt mit der Ente und „Nirgendwo in einem Provinzkaff. Ich will Schaufenster." Auch das noch. In der 2. Minute stürzte ich zum Schreibtisch, in der 3. Minute schob ich alle Papierstapel zu Seite, in der 4. Minute lag die Generalkarte ausgebreitet vor mir. Per Zirkel maß ich etwa anderthalb Stunden Fahrzeit ab, piekste die Nadel direkt neben die Eichenstraße und schlug den Kreis. Augenblicke später stutzte ich bei einem Ortsnamen, der direkt am Rhein lag: Erpel! Interessant... Wasser ist immer gut, Wein auch. Als Entenfahrer war ich vom Ortsnamen einfach in den Bann gezogen. 8. Minute: Leider segelten einige Papierstapel vom Schreibtisch, das Klarmachen von PC und Monitor war wohl doch etwas zu schwungvoll. Kurz im Netz ein paar Basisinformationen gesichtet. Ein interessantes, kleines Örtchen. Direkt gegenüber auf der anderen Rheinseite lagen Remagen und einen Steinwurf entfernt Bonn mit seinen Schaufenstern praktisch zum Greifen nah. Spätestens bei Minute 14 war mein Leben gerettet.

„Cordelia, Schatz, schaust du mal bitte?"

Nach kurzem Herbstregen glänzte das Kopfsteinpflaster im sinkenden Licht des Nachmittags. Die für das Rheintal typischen Fachwerkhäuser mit schwarzen, braunen und nahezu roten Balken wirkten im warmen Oktoberlicht besonders anheimelnd. Nahe des schmucken Rathauses zierte ein Erkerchen sein Fachwerk sogar in Grün. Fensterläden, Toreinfahrten und Dachgauben kontrastierten in verschiedenen Farben. Die Dächer waren

einheitlich im obligatorischen Rheinischen Schiefer gedeckt. Alles glänzte und leuchtete. Die „Herrlichkeit Erpel“ begrüßte uns von ihrer schönsten Seite. Erpels großer Vorteil: Es liegt rechtsrheinisch und hat nachmittags die Sonne auf der richtigen Seite, also von Westen her. Wider meiner Natur (guter Fahrer, schlechter Läufer) waren wir im hübschen Ort viel zu Fuß unterwegs. Mit allen abgelegenen Ortsteilen hat Erpel ca. 2.500 Einwohner. Wir erlebten jene wunderbaren alten Fachwerkhäuser aus dem 17. bis 19. Jahrhundert in hervorragendem Zustand. Jedes ist doch unterschiedlich. Hier wartet eine einmalige fein gemalte Verzierung der Holzbalken auf, dort eine Figur auf einer Dachgaube, dann üppiges Grün an der Fassade, gerne Wein. Wir nahmen uns die Zeit, die kleinen Details zu entdecken und stromerten durch kleine Gässchen mit winzigsten Häuschen, die eigentlich nicht mehr als vier Zimmerchen haben konnten. Der kleine zentrale Marktplatz mit seinem alten Brunnen und Baumbestand zog uns in seinen Bann. Reste von Befestigungen wie das Neutor zeugten davon, dass Erpel bereits im Mittelalter existierte, seine spätromanische Kirche geht auf das Jahr 1230 zurück. Von wohlhabenden Kölner Familien als Sommerresidenzen errichtet entstanden im 18. und 19. Jh. private Parks, Villen und Höfe. Einige der stattlichen Herrenhäuser könnten eine sehr gute Kulisse zu Dreharbeiten Marke Herzkino abgeben. Durch das vom Fronhof überbaute Rheintor erreicht man den Strom und genießt den Blick auf die gut erhaltenen Rheinmauern mit zum Teil darüber gelegenen Pavillonen und Gartenhäuser jener Villen. So manch ein Blick über eine hohe Mauer lohnt. Denn die Kölner fanden Erpel damals auch schon schön.

Historisch wird der Ort durch die Ereignisse gegen Ende des 2. Weltkriegs beherrscht. Die Brücke von Remagen, als Ludendorffbrücke noch 1918 von Kaiser Wilhelm II. eingeweiht, hielt im März 1945 vergeblichen Sprengversuchen der zurückweichenden deutschen Truppen stand. Anschließend versuchte man deutscherseits noch mit einigem Aufwand, durch Bombardements, Kampfschwimmer und sogar mit Beschuss durch Raketen in Form der V2 die Brücke zum Einsturz zu bringen. Doch alle Versuche misslangen. US-General Eisenhower, der die alliierten Truppen in Westeuropa kommandierte *und später US-Präsident wurde*, soll sich gefreut haben. Die Brücke sei ihr Gewicht in Gold wert. In aller Eile überquerten rund 100.000 amerikanische Soldaten mit ihrer Ausrüstung die Brücke, die dann am 17. März 1945 unter der hohen Beanspruchung zusammenbrach und 28 Soldaten mit in die Tiefe riss. Drüben auf dem Remagener Ufer befindet sich in beiden Brückentürmen ein Friedensmusem, das wir auch besuchten. Auf Erpeler Seite mündete die Bahn in den noch existierenden Tunnel des Basaltfelsens „Erpeler Ley“. Der wird seit einigen Jahren sogar kulturell genutzt. Auf Initiative des Vereins „ad Erpelle“ finden dort Theateraufführungen statt. So ist „Die Brücke“ nach einem Roman von Rolf Palm am Originalschauplatz zu erleben. Warm anziehen, der Tunnel hätte ganzjährig 12 Grad Raumtemperatur wurde uns berichtet. Wir hatten direkt dreimal Glück. Die Nötigung meines Vaters wurde geschickt umgedreht. Er hatte seine Enkel nun ein paar Tage mehr, wir ein paar mehr Tage für uns. Anton, du Schuft! Die Sonne schien durchgehend am blauen Himmel. Unsere Ferienwohnung verfügte über den online gepriesenen Rheinblick und den genossen wir abends bei einer Flasche Rheinwein. Das Leben ist schön! Der Plan war, schön und gut einzukaufen, in der FeWo zu kochen, zu lesen, zu... Das ging meist gründlich daneben. Das Frühstück bekamen wir hin, doch die restliche Verpflegung nahmen wir in der örtlichen Gastronomie ein. Direkt am von uns favorisierten Markt gab es das urige Restaurant „Om Maat" der Familie Wolf, sehr gemütlich, sehr nett. Nicht nur unsere Wanderfüße erfuhren im Rathaus Café feine Erholung. Herr Wolfpril fand sinnlichen Genuss an Cremetorten und anderem wohlfein Kandierten. Eine große und sehr angenehme Überraschung erlebten wir im „Gasthaus zum alten Deutschen", unsere primäre Annahme klassisch allemannischer Kost lag kolossal daneben. Uns faszinierte die mauritianisch-kreolisch-französische Küche. Klar, als Entenfahrer *französisch Deuchiste* muss man da rein und die Inhaberin kam tatsächlich dereinst aus Mauritius. Der Liebe wegen. Im Schreibwarengeschäft, welches gleichzeitig die privat betriebene Tourist-Info und die Erpeler Postagentur beherbergte, deckten wir uns reichlich mit Postkarten ein. Die Inhaberin machte uns auf einen besonderen Service aufmerksam. Briefzentrum? Ach wie langweilig! Hier wurden die Postkarten von der Chefin selbst und mit offiziellem „Erpel-Poststempel" gestempelt. Die Postagentin nahm auch ihre Aufgabe als ehrenamtliche Touristen-Information wahr und wollte uns vom erwanderbaren Erpel zu überzeugen. Doch weder Rheinsteig noch Wanderweg auf die Erpeler Ley konnten mich locken. Obwohl man von dort oben eine tolle Aussicht ins Rheintal habe und unterwegs auf ein „Zwergenloch" treffen könne. Den Eingang dieses ehem. Bergwerkstollens ziere heute eine Marienstatue. Nein danke, aber: „Nixe" hieß das Fährboot für Fußgänger und Radfahrer, das uns nach Remagen brachte. Die „Nixe" wurde in Spessart gebaut und dann zum Rhein geschafft. Eine Schiffswerft in Spessart? Kein Tippvehler. In Wirklichkeit ist es ein Ort in der nahen Eifel. Mit dem Steuermann der „Nixe" verdarb ich es mir aber gründlich. Ich konnte es mir nicht verkneifen, lauthals das klassische „Don´t pay the ferrymann..." anzustimmen. Noch Tage später schaute er mich finster an. Anton, Du Schuft. Das Gegenüber Remagen wartete mit vielem auf, ein römisches Museum, eine Rheinpromenade, Galerien und Kunstausstellungen, Weinlokale, hmmmm, und zum Glück viele Schaufenster *so dass mir die Bundesstadt Bonn erspart blieb.* Uns zog es schnell nach Erpel zurück, einem Bierchen im „Om Maat" und zum Sundowner auf unserem Balkon mit einem Glas Wein in der Hand und der Geliebten im Arm. Das Leben ist schön. Wir kommen wieder zurück zur Herrlichkeit Erpel. Was mit „Herrlichkeit" gemeint ist, verrate ich nicht. Fahrt hin, findet es selbst raus und verliebt Euch in Erpel. So wie wir

Moderne Zeiten

Plädoyer für eine Ente

„Anton, warum fährst du eigentlich kein Auto?“

Diese dämliche Frage hatte ich seit meinem 2CV immer wieder ertragen müssen. Dämliche Scherzbolde in ewig gleichen und wenig phantasievollen Blechbehältern, die uniform dahin dümpeln und die Straßen versperren. Dosenfleisch. Der gemeine Entenfahrer ist bekannt für gelebte Toleranz. Angeblich. Ich bin es auf jeden Fall nicht. Denn irgendwann reichte es. Ich hatte die Sprüche satt. Es ist Zeit. Plädoyer für meine Ente!

„Angeklagter erheben Sie sich!“

Zwanzig Prozent der deutschen Männer geben ihrem Auto einen Namen. „Hirsch“ nannte mein Vater unseren VW-Variant *der heimlich mit 1600er Mühle und Doppelvergaser ausgestattet war.* Brauch ich nicht. Die grüne Ente hat leider die Flügel gestreckt und harrt bei einem Kumpel ihrer Revitalisation im nächsten Sommer. *Restaurieren nennen diese Anti-FeO^2-Fanatiker ihre favorisierte Tätigkeit.* Derweil reise ich mit einer frisch erworbenen und etwas betagten beige/bordeaux Dolly. Sie hat also bereits einen Namen. Dolly eben. Während mein grüner Erpel ein echter Erpel ist, ist Dolly eher ein zickiges Mädchen. Eine echte Zicke! Und Zicken, das wissen wir, die machen oft Probleme. Wollen umsorgt sein, im Mittelpunkt stehen und sowas. Was mache ich also, wenn ich das Garagentor öffne und mich Dolly leise näher? Ich singe:

„Hello, Dolly, this is Anton, Dolly, it´s nice to have you back...“

Und unbedingt, weil Mädchen, bitte nie, nie vergessen:

„You‘re lookin‘ swell, Dolly I can tell, Dolly You‘re still glowin‘, you‘re still crowin‘, you‘re still goin‘ strong.“

Ich streichle ihr Dach, fahre mit der Hand sanft über einen Scheinwerfer und spreche ihr Mut zu. Dann wagen wir uns in den Massenverkehr. SUV *super unmögliche Vehikel,* also modern lackierte Blechtonnen mit nicht unter 180 PS haben – um die Umwelt zu schützen, klar – eine Stopp/Start-Automatik. Meine Dolly ist da konsequenter, sie verfügt über eine heimliche Stopp-Aus-Automatik. Besonders wenn es nass ist, der Motor etwas mehr als halbwarm. Dann lädt Dolly gern zu Besichtigungen der Gegend oder Kaffee in einem Bistro ein. Egal ob in Stadt, Land oder auf dem Highway. Entschleunigung pur. Totale Entspannung. Also stehe ich an der Ampel mit leichtem Fuß auf dem Gas und warte – tiefenentspannt – auf Grün. Wenn sich das Farbenspiel dann gönnerhaft auf die untere Couleur herablässt, geht es für mich los: Brrm. Brrrm. Währenddessen erkennt man in den Blechtonnen gerade die Problemstellung der kolorierten Animation und betätigt unmittelbar nach erneuerter Abfrage des Navis endlich das Gaspedal. Jetzt läßt sich sogar das Motörlein von selbst an. Alsbald setzt sich das Gerät sogar in Bewegung. Langsam. Eins nach dem anderen. Wenn nicht schon wieder ROT ist. Ist Ihnen aufgefallen, meine lieben Leserinnen und Leser, dass seit Einführung dieser f***g Stopp/StartAutomatik mindestens ein Blechbehälter weniger pro Ampelphase rüber kommt? Es sei denn, es wird an Bord à la Derrick noch diskutiert, dann sind es noch weniger:

„Schatz, ich glaube, es ist Grün."

„Grün, Stefanie?"

„Ja. Grün."

„---"

„Ich denke, wir sollten fahren, Harry."

„Fahren, Stefanie?"

„---"

Schon einmal beobachtet? Dazu die gesamte Prozedur Stopp/Start. Automatik. Aah! Nicht in meiner Ente, auch kein Harry.

Kurzgeschichten

Treffenfamilie, Sohn und Schnee

Die große Treffenfamilie „Nein"

Vielleicht sollte man einmal für sie sammeln? Ich weiß es auch nicht. Oder vielleicht gerade deshalb, weil sie so hart getroffen sind. Man trifft die Familie auf jedem Treffen. Und eigentlich ist diese Familie auch die herausragende Stütze unserer Entenszene. Sie kommt zu jedem Anlass, egal wo, wann, wie. Und selbst wenn man sich aufteilen muss. Doch die gesamte Familie wird von einem wirklich harten Schicksal heimgesucht. Ausnahmslos alle ihre Kinder sind schwerhörig oder gar taub geworden. Alle! Ausnahmslos!

Kein Kind reagiert, wenn man sie beim Namen ruft:

„Basti! Nein!"

„Lena! Nein!"

„Maxi! Nein!"

„Kati! Nein!"

Sohn

Die Sitze einer Ente sind näher aneinander angeordnet als bei herkömmlichen Kraftfahrzeugen. Der Fahrersitz in meinem Erpel war mit einem Schweißgerät etwas erniedrigt worden; mein Problem ist eine lange Wirbelsäule. Fünf Zentimeter brachte die Kürzung; nun kann ich eben besser durch die panzersehschlitzähnliche Frontscheibe meines KFZ schielen. Dadurch bedingt kann man sich in meiner Ente nun auch gut aneinander anlehnen und Kuscheln. Ente, das Auto mit dem Kuschelfaktor. Als mein Sohn noch kleiner war, unternahmen wir beide einen gemeinsamen Ganztagesausflug. Ziel war eine Musikkneipe und ein großer Park zum gemeinsamen Spazierengehen. Höhepunkt für mein Kind war ein ferngelenkter riesiger Modellhubschrauber mitten im Park, der mit seinem winzigen Verbrennungsmotor einen fürchterlichen Lärm machte. Und, Überraschung: Nahe eines kleinen Teichs mitten im Park gab es wahrhaftig Bananenpflanzen. Wir verlebten einen wunderschönen Tag mit einem großen Eis zum Abschluss. Auf der Rückfahrt war er fertig und schlief gemütlich ein. Von seiner Kindersitzposition – vorne mit fahren, welch ein Hit! Hinten verfügt eine Ente nicht über kindersitzgeeignete Anschnallgurte – rutschte er mir immer weiter entgegen, bis sein Kopf auf meiner rechten Schulter ruhte. Ich genoss die Nähe zu meinem Sohn und fuhr ganz besonders langsam.

Schnee

Marion und Ulli wohnten einst in Düsseldorf und besuchten an Wochenenden pflichtgemäß ihre Eltern im schönen Eifelstädtchen Kyllburg. An einem Sonntagnachmittag begann ein für unsere Region recht ungewöhnlicher heftiger Schneefall. Die Mutter musste nach Hause, die Kinder in die Bildungsanstalten. Marion sattelte also ihre Ente und tuckerte los. Doch es war schon später Nachmittag und die Straßen von ängstlichen Sommerbereiften verstopft. Hecktriebler standen mit durchdrehenden Reifen an sanftesten Steigungen. Was tun? Marion stoppte am Straßenrand, zog Schneeketten auf ihre Winterreifen und fuhr am Straßenrand und über ihr bekannte Wiesen lächelnd an den Staus vorbei. Es war schon gut, dass Marion Heimat und Stacheldrahtzäune kannte. Das Staunen der Stehenden war sicherlich nicht schlecht.

Ich war einmal eine Dose!
Gesehen unter einem 2CV-Bild bei Citroën-Meisen in Jüchen

Das Vibrieren unter den Füßen kennt man ja sonst
nur vom Sportwagen.
Ein Freund auf 2CV-Testfahrt

Meine Ente hat eine Stopautomatik!
*Der 2CV ging an Ampeln gerne aus,
sprang dann aber nicht mehr an.*

Du Sau
oder die
Weihnachtsente

Ein Adventstreffen

Es war schon dunkel. Sanfter leiser Schneefall setzte ein. Im Licht der Gaslampen purzelten Schneeflocken und färbten den Bürgersteig der Eichenstraße langsam weiß. In den Vorgärten standen wie im letzten Jahr wieder kleine beleuchtete Weihnachtsbäumchen, Nachbarn behängten ihre Büsche mit Leuchtketten, der ein oder andere umrahmte sein Einfamilienhaus vom Garten über alle Wände bis zum Dachfirst mit eben diesen Leuchtketten und verwandelte sein Eigenheim mit gelbglühenden Lebkuchen, Weihnachtsmännern und Engeln zu einem Knusperhäuschen. Einige einsame Kerzen fackelten in wenigen Fenstern, der erste Advent war gerade vorbei. Die Weihnachtsdekorationen in den Zimmern waren eingeschaltet und blendeten ihn so sehr, dass er nichts mehr in den Wohnungen erkennen konnte. Manche Bewohner schlossen sogar Heizungsenergie sparend ihre Gardinen. Herr Eberlein wollte gerade nach über zwei Stunden seinen kühlen Ausguckposten am Fenster verlassen, dem ehemaligen Verkehrspolizisten machte Kälte nichts aus, als ein Schrei die Winterluft zerfetzte:

„Du Sau!"

Seine blonde *mit den Formen einer Rennyacht gesegnete* Nachbarin Marlene, Sekretärin, 28, die Herrn Eberlein sonst mit ihrem fulminanten Liebesgestöhn so dermaßen beeindruckte, dass es ihm nachts den Schlaf raubte und in seiner Intensität manchmal alte, fast vergessene zum Teil handfeste Formen annehmende Bedürfnisse weckte, nun egal, Marlene schien wirklich echauffiert. Eberlein hielt inne und lauschte. Einer ihrer Liebhaber kam ihr wohl auf die Schliche und entdeckte einen Nebenbuhler. Eberlein hatte noch keinen der Herren gesehen, erkannte sie aber alle an ihrem Stil. Praktisch veranlagt nummerierte er sie durch. Beschäler 1, Beschäler 2 und so weiter. Nun hatte also Nummer 2 die Nummer 1 herausgefunden und war knatschig. Richtig knatschig. Eberlein musste grinsen, der Schimpfende ahnte wohl nichts von dem Dritten, der kam allerdings nicht oft, dafür aber heftig. Doch wie gerne wäre Eberlein wenigstens nur ab und zu mal die vierte Kerze an Marlenes Adventskranz...

„Du Schwein!"

„Ich helfe dir über den Berg in all deinem Scheiß und was machst DU? Du vögelst in der Gegend rum!"

Trotz der recht frischen Außentemperatur öffneten sich einige Fenster interessierter Mitbürgerinnen und Mitbürger. Mit ohrenbetäubendem Knall traf etwas die andere Seite von Eberleins Wand, zerbrach und rieselte in Teilen zu Boden. Der in Werkstoffen nicht unkundige frühere Polizist tippte auf Porzellan.

„Meine..."

Der Rest ging in Marlenes Kreischen unter. Eberlein konzentrierte sich, verstand dennoch nichts, die Stimmen schallten durcheinander.

„Aaaah!" „Ooooh!" "Uuuuaaah!"

Ein kleiner Ringkampf entwickelte sich. Dann erreichte sie ihr Ziel.

„Mein Lap..."

Ein Fenster flog auf, in dessen Quietschen gingen des Beschälers Nummer 2 weiteren Worte unter. Eberlein und seine ansteigende illustre Zuhörergemeinde, die Quote der geöffneten Fenster erreichte bereits 17%, vernahmen nur noch

„...top!"

Ein Top kannte Eberlein eher aus der wäschewerbenden Zeitungsbeilage diverser Kaufhäuser, aber dass Männer auch sowas tragen mussten? Er schüttelte den Kopf, seine langen warmen weißen Unterhosen waren viel praktischer, zumindest jetzt im Winter und hier am Fenster. Das Wurfgeschoss verfehlte Frau Gertrude Huber, Witwe, 68, und ihren vollgefressenen Dackel Daniel nur knapp. Nach dem Aufprall verteilte sich im Schnee des Bürgersteigs Technisches. Eine Tür schlug laut ins Schloss. Eberlein vernahm Fußgetrappel und bald gewahrte er den sichtlich betroffenen Beschäler Nummer 2, einen schlanken Anzugtyp mit dünnen spirrigen langen Fingern, der nach Eberleins Meinung nie im Leben richtig gearbeitet hatte. Marke: Think global, forget local. Eberlein hasste diese glorreichen Managertypen auf das Heftigste. Genauso wenig Sympathie genoss der Beschäler bei Frau Huber, welche mit Schwung ihre schwarze Gehhilfe schwang und ihn rektal traf. Der dicke Dackel Daniel ließ unterstützend ein heiseres fettgurgelndes Bellen erschallen. Marlene erschien wieder am Fenster.

„Und du? Was ist mit der Schlampe aus der Buchhaltung?“

Kaum hörbares Stammeln als Antwort. Die Quote lag bei 19%.

„Ach was, schaff all deinen Kram weg und las dich hier nie wieder sehen!“

Den Worten folgten diverse Gebrauchsgegenstände im Lufttransport, landeten mit sanftem Plopp oder leisem Klirr im Schnee. Eberlein machte Zahnbürsten, Zahnpasta, eine zersplitterte Flasche Yves Saint Laurent, zwei T-Shirts und zwei sehr stoffsparend geschnittene untere Hosen aus. Der mit etwas zu viel Beschleunigungsenergie in die Luft gebrachte elektrische Rasierapparat traf sein Kabel wie ein Weihnachtskometenschweif hinter sich her ziehend, laut vernehmbar ein am Straßenrand abgestelltes Kraftfahrzeug.

„Mein Opel!“

Die Quote erreichte 21%.

In seinem Ausguck gegenüber richtete sich ein kahlköpfiger recht rundlicher Herr zu völligen Größe auf. Jahrelang hatte Karl-Eberhard Widersprung, Schlosser, 55, auf seinen Traum gespart und beim Händler bar bezahlt. Nicht auf Pump. Stolz bar bezahlt.

„Mein Astra!“

„Dein schöner Astra!“

rief seine neben ihm stehende Gattin erregt aus.

„Sie Hooligan!“

„Er ist ein Hooligan“

entwich es fast wie ein Echo der erregten Gattin.

„Den Schaden müssen Sie mir zahlen!“

„Den Schaden müssen Sie ihm bezahlen“

informierte sie verstärkend.

„Ich komme sofort runter!“

„Er kommt sofort runter.“

Das Fenster war alsbald leer. Frau Huber holte zum nächsten Schlag aus, doch diesmal parierte Nummer 2 den Hieb, zog in Notwehr an dem schweren schwarzen Stock, um ihn Frau Huber aus der Hand zu drehen, doch die tapfer kämpfende Dame hielt feste dagegen, verlor jedoch plötzlich das Gleichgewicht und setzte sich laut aufschreiend auf ihren Achtersteven mitten in den Schnee.

„Eine Unverschämtheit! Sie Rüpel!“

Der vollbärtige Dieter Herschmeyer, Sozialpädagoge, 47, und Mitglied bei den Grünen signalisierte sein Unverständnis.

„Sie glauben wohl, Sie können sich alles erlauben?“

Nummer 2 starrte zum Vollbärtigen hinüber.

„Warten Sie nur!“

Das Fenster war alsbald leer.

„Da!“

Alle Blicke flogen nach oben. Marlene beförderte als Letztes den Trench ihres wohl Ex-Geliebten zu Tal; doch der eben Erwähnte reagierte zu spät und wurde erst einmal von seinem Mantel verhüllt. Dafür blieben beide schneefrei und trocken. Der dicke Dackel Daniel dehydrierte. Nummer 2 befreite sich aus dem Dunkel betrat dabei dämlicher Weise den dicken Dackel Daniel der darob diskantös deklamierte. Frau Huber war in selbigem weiß wie Schnee vor Zorn - kam aber nicht wieder `rauf.

„Was willst du noch hier?“

Marlene lehnte weit aus dem Fenster, das knappe weiße Shirt ließ viel Haut und Weiblichkeit sehen. Die Quote erreichte 24%. Ihre schönen langen blonden Locken erinnerten Eberlein an ein Märchen, was ihm seine Mutter damals erzählte, doch dieses Rapunzel im Märchen war viel freundlicher.

„Verschwinde endlich!“

Fassungslos starrte der Ex zu seiner Ehemaligen herauf.

„Ach was!“

Marlene verließ die Szene ins Off, das Fenster klappte zu. Nummer 2 raffte den Trench und hatte sich selbst so langsam wieder im Griff. Bei Frau Huber formvollendet eine Entschuldigung aussprechend half er der immer noch erbosten Dame auf, vor Schreck gab der dicke Dackel Daniel wieder laut.

„Was machen Sie denn hier?“

Gregor Ebenschön, Abteilungsleiter, 49, kam um die Straßenecke, sah, stutzte, begriff und schrie sich die Lunge aus dem Leib.

„Das hätte ich mir denken können, erst sägen Sie an meinem

Stuhl und dann wollen Sie mir auch noch die Frau wegnehmen, Du niederträchtiges impertinentes Ekel!"

Die Quote erreichte 27%. Beinahe hätte Nummer 2 beim Anblick von Nummer 1 Frau Huber wieder fallen lassen. Trotz seines biblischen Alters stürmte Ebenschön brüllend auf seinen Mitarbeiter los.

„Ruhe!"

Über Eberleins Fenster schnaufte Manfred Rüben, Sänger, 38, wie ein wütender angestochener Büffel.

„Das ist ja ein Tollhaus hier, man kann sich überhaupt nicht konzentrieren, gleich kommt doch die Lindenstraße!"

„Buh, das ist doch alles Schmuh!"

Echote es unisono aus allen Häuserwänden. RTL oder SAT1 werden diese Story verfilmen. Hoffe ich. Alsbald waren alle Fenster leer.

„Was ist denn hier los?"

Die Stimme des jungen Rainer zu Phal, frischgebackener Kommissar, 26, und hier freiwillig als Stadtteilpolizist eingesetzt, schnappte bald über.

„Was soll denn diese Verwüstung, können Sie Ihren Müll denn nicht woanders entsorgen?"

„Der junge Mann kann doch nichts dafür!"

Die resolute Frau Huber ließ sich von ihren Mitmenschen so schnell nichts gefallen, denn gegen die Obrigkeit muss man sich wehren und zusammenhalten, dies hatte ihr Vater, der bekannte Karl Huber, Kommunist, gest. 1965, ihr in das nicht vorhandene Gebetbuch geschrieben.

„Er..."

Weiter kam sie nicht.

„Polizei, mein Opel Astra ist beschädigt, ich erstatte Anzeige gegen diesen Herrn hier."

„Wir erstatten Anzeige gegen den Herrn da!"

Dieser Herr hatte sich von seinem Abteilungsleiter eine gefangen und blutete aus der Nase.

„Polizei! Der Typ schlägt wehrlose alte Damen zusammen."

„Polizei, Anzeige, ich bin beleidigt worden!"

Gregor Ebenschön trug als Retoure eine lange Schramme quer über seine linke Wange, wollte gerade seinen Protest über die Ungerechtigkeit seines Untergebenen polizeilich melden, als er unversehens eine frische biologische Tretmine erwischte.

„Verdammte Sch..."

„Ruhestörung, das ist Ruhestörung, Wachtmeister, schreiben Sie die Leute auf, das ist eine unerlaubte Versammlung ist das!"

„Sind Sie das, der hier etwa die Lindenstraße guckt? Wir haben doch alle beim letzten Straßenfest beschlossen, dass wir diese Sendung boykottieren!"

Der naturbelassene Sozialarbeiter suchte entgegen den Motiven seiner pazifistischen Partei nach Frau Hubers Gehhilfe oder einem anderen Schlagstock. Die Anti-Lindenstraßenfront formierte sich. Kommissar zu Phal kramte in seinen Erinnerungen, was man ihm so alles auf der praxisfremden Polizeischule hatte versucht beizubringen. Eberlein ärgerte sich, dass er nicht von vornherein alles mitgeschrieben hatte, so bedrängte ihn nun die Angst, er hätte etwas übersehen *Hat er nicht, sonst gäbe es die Story hier nicht, er erzählte alles!* und passte nun noch besser auf als sonst, Der Tumult auf der Eichenstraße vergrößerte sich.

Ein Schneeball verfehlte die Lindenstraßenfraktion, der zweite traf Ebenschön an der linken Schulter. Falsch geparkt übrigens, stand hinten unter den letzten stolzen schneebeladenen Bäumen, die der Straße einst den Namen gaben, ein älterer weißbärtiger Herr in ärmlicher roter abgerissener Kleidung vor einem Rentierschlitten und korrigierte kopfschüttelnd in einem golden funkelnden Buch:

„Der kriegt nichts. Die kriegt auch nichts. Marene kriegt auch nichts“ usw. usw. usw.

Was machte Marlene? Die ungewohnte Lärmentwicklung machte sie neugierig; zuerst etwas ungläubig schaute sie wieder aus ihrem Fenster, erblickte fassungslos den nur durch eine kleine Meinungsverschiedenheit entstandenen Auflauf, starrte mit großen Augen vor allem auf die Männer und – packte die Koffer. Es flogen immer mehr Schneebälle, Damen traten, bissen und kreischten, Herren brüllten und bewarfen sich. Minuten später. Ohne links oder rechts zu sehen ging die Verursacherin mit ihrem Gepäck durch die aufbrausende Menschenmenge.

„Marlene!“

Jetzt blickte der freiwillige Stadtteil-Commissario de Phal mit offenem Mund und entgeistert seiner Herzdame hinterher. Eberlein schloss aus eigener Berufserfahrung messerscharf darauf, dass de Phal wohl Marlenes Nummer 3 war. Wütend stapfte Marlene durch die verschneite Straße, drehte sich noch einmal um, sah Eberlein in seinem Fenster lehnen und ihr nachschauen. Schon wollte sie wieder aufbrausen, doch er winkte ihr einer seltsamen inneren Regung folgend langsam zu. Marlene stutzte, ihre Miene hellte sich etwas auf und lächelnd winkte sie zurück. In diesem Augenblick hatte sie zum ersten Mal ihren Nachbarn Eberlein bewusst zur Kenntnis genommen. Ihm wurde sehr warm. „Die beiden bekommen doch was!“

Marlene wandte sich nun geschäftig einem Schneehaufen zu, denn in dem versteckt befand sich ihre einzige wirkliche und wahre Liebe.

„Hallo, mein Süßer!"

Zart strich sie mit ihren rotlackierten Fingernägeln durch den Schnee über den Kotflügel als würde sie ihn kraueln. Sanft wedelte sie den Schnee von dem Windschutzscheibe genannten Sehschlitz, zum Glück war nur wenig Nässe zu Eis kristallisiert. Fröhliche Eisblumen verzierten auch die Seitenfenster. Ach ja, die Schweinwerfer, lächelnd reinigte sie das Glas und wandte sich den Rückleuchten zu. Die Nummernschilder, nein, das Kennzeichen geht keinen was an, dachte sie schmunzelnd. Dafür kratzte sie noch das schräge Heckfenster schnee- und eisfrei. Zum Schluss fegte sie mit gekonnten Bewegungen die Schneemassen von dem empfindlichen Textildach.

„Na du?" fragte sie ihren Liebling,

„dann wollen wir mal, oder?"

Vorsichtig öffnete sie die Tür und machte es sich auf dem Fahrersitz bequem. Nur ganz ganz wenig hatte es durch die undichte Lüftungsklappe getropft, die winzige Pfütze war bereits vereist. Ihr Atem vernebelte den Sehschlitz sofort von innen.

„Wir ziehen hier weg und du bekommst eine Garage"

tröstete sie ihren Kleinen.

Mit leichtem anfänglichen Blubbern und Stottern sprang der winzige Motor an, kam dann aber sofort fröhlich klingend auf freudige Drehzahlen. Ein dichter weißer Nebel wehte aus dem Auspuff. Mit warmem gelbem Licht mühten sich die hübschen Scheinwerfer ihre Umwelt zu erhellen.

Die reflektierten Lichtstrahlen brachen sich funkelnd in den auf den Scheiben verbliebenen Eiskristallen. Sie schaltete die Heizung auf Maximal, irgendwann wird die vielleicht so warm wie der Lichtschalter. Langsam zuckelte Marlene aus ihrer Parkbucht, motorte kopfschüttelnd an dem Menschenauflauf vorbei, erreichte die Hauptstraße, lehnte sich zurück und war sofort entspannt.

Ente, ein Auto wie Weihnachten.

Anton Wolfpril

Anton Wolfpril ist mein Pseudonym. Es begann mit einem Aprilscherz im 2CV-Magazin „Der Entenschnabel“ zum Welttreffen 1999 in Griechenland und der Gummireifen fressenden fürchterlichen Schildkröte Testudo skotinas. Dann erschien die erste Wolfpril-Erzählung *Alle Jahre wieder* im Schnabel. Beim Entenausflug „Eifel-Advent“ in Kyllburg hörte ich nette Kommentare zur Geschichte des unbekannten Autors. Abends am Kaminfeuer bekam ich endlich ehrliche Kritik zu hören. Das sei nie passiert, doch bestimmt, das ist aber schön, herrliche Geschichte, kaum zu glauben, viel zu seicht geschrieben... Viel zu seicht? Frechheit! Besonders schön war eine Email, in der sich ein Entenschnabel-Leser sehr über eine Erzählung freute. *Alle Jahre wieder* las er am Weihnachtsabend sogar seiner Familie vor. Und es war eine Premiere für ihn, denn das tat dieser hoffentlich nicht ganz so gestresste Familienvater zum ersten Mal. Vom „viel zu seicht“ war ich allerdings hart motiviert. Noch vor Weihnachten schrieb ich die böse Geschichte *Du Sau*. Kindern also bitte nicht vorlesen!

Im Januar bat mich Harald vom Entenschnabel um eine Ostergeschichte. Erst fiel mir nichts ein, dann kam die Erleuchtung... Irgendwann klingelte wieder das Telefon. Ob es nicht eine schöne Sommergeschichte gäbe? So ging es weiter und weiter. Das Ergebnis halten Sie jetzt in Händen. Zwar ist der Eisenbahner Anton frei erfunden, genauso wie Cordelia und die Kinder. Schade, nicht wahr? Ich hätte sie jedenfalls gerne kennen gelernt. Selbstverständlich hat sich aber etliches genauso ereignet. Und was nicht, wurde mit Anspruch auf dichterische Freiheit hinzugedichtet. Der Rest? Erstunken und erlogen. Ich hoffe, Sie sind mir nicht böse. Sollten Sie tatsächlich einen 2CV fahren, empfehle ich Ihnen mit ihrem *Regenschirm auf vier Rädern* dringend ein echtes Ententreffen. Besonders Oster-, Pfingst-, die 2CV-Deutschlandtreffen oder das traditionelle Treffen des André Citroën Club bieten sich an. Hier wie dort treffen Sie verschiedenste Menschen und sehen die unterrschiedlichsten 2CV – so lange es die Enten gibt und sie nicht nur noch in Fotobänden oder in Entengeschichten leben.

Ihr Anton Wolfpril